방구석 노트북 하나로
월급 독립 프로젝트

| 일러두기 |

1. 이 책에 등장하는 주요 인명, 지명, 기관명, 상표명 등의 외국어와 외래어는 국립국어원 외래어표기
   법에 따르되 일부는 관용적 표현을 따랐다.
2. 원문은 필요한 경우 본문 내 최초 등장에 한해 병기했다.
3. 신조어나 온라인에서 자주 사용되는 표현의 맞춤법은 관례에 따랐다.

노마드 그레이쓰 지음

방구석 노트북 하나로 월급 독립 프로젝트

자는 동안에도
돈이 들어오는
디지털 파일 판매의 모든 것

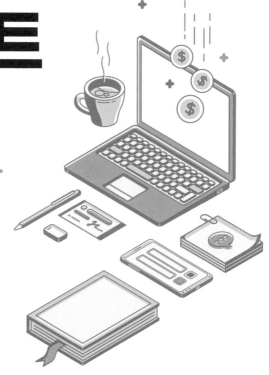

리더스북

차례

부록 정리해드려요

좋아하는 일로 돈을 버는 삶

안녕하세요, 노마드 그레이쓰입니다. 저는 두 아이를 키우면서 다양한 해외 온라인 플랫폼에서 디지털 파일을 판매하고 있는 육아맘이에요. 매일 아침 두 아이를 유치원에 등원시키고 나서 집안일을 하는 틈틈이 저는 노트북을 켭니다. 조금 더 여유가 있는 날이라면 집 근처 카페에서 달콤한 케이크와 커피 한잔을 즐기며 두세 시간 정도 집중해 일을 하고요.

'해외 온라인 플랫폼'에서 '디지털 파일'을 '판매'한다고 하니, 자주 오해를 사기도 합니다. 저는 편집 디자인이나 그래픽 디자인을 전공한 사람이 아니고, 알 만한 글로벌 기업의 커리어를 가지고 있지도 않습니다. 초등학생 때 다닌 컴퓨터 학원에서 그림판으로 장난치고, 고등학생 때 친구들 사진 예쁘게 꾸며주느라 포토샵을 좀 만지작거렸을 뿐입니다. 이것이 제가 가진 기술의 전부였습니다.

그런 제가 이미지 파일을 뚝딱뚝딱 만들어 팔게 된 지도 벌써 5년, 어느새 연 매출 1억을 훌쩍 넘기는 글로벌 베스트 셀러(판매자)가 되었네요. 아이를 키우며, 처음 써보는 프로그램 툴 박스의 아이콘을 하나씩 클릭해가며 시작한 5년 전만 해도 상상할 수 없었던 일이라, 매일 판매 현황 그래프를 보면서도 믿기지 않을 때가 많습니다.

나만의 기술이 있어야 살아남는 시대라는 이야기를 요즘 많이 듣습니다. 그런 기준에서 본다면 저는 평범하디 평범한 사람입니다. 이 책을 집어 든 분들이라면 누구에게나 기회는 활짝 열려 있습니다. 지금 기술을 가지고 있든 아니든, 경험이 있든 없든 의지 하나만 있다면 누구든 저와 같은 셀러가 될 가능성은 충분합니다.

우리는 아침에 눈을 뜨면 가장 먼저 스마트폰을 잡으며, 그 속의 무한한 세계로 빨려들 듯 연결됩니다. 어플리케이션의 아이콘과 포털 사이트의 로고, 현란한 폰트와 컬러로 이루어진 광고, 채팅 앱의 캐릭터 이모티콘과 모바일 초대장. 책상에 앉아 컴퓨터를 켜면 또 어떤가요. 업무용 문서 양식과 일목요연하게 정리된 PPT 템플릿, 사진을 비롯한 무수한 이미지들로 가득 찬 디지털 세계에서 우리는 살아가고 있습니다. 이토록 많이 소비하고 있는 디지털 파일들, 하루에도 수백수천 개씩 보는 이 파일들을 팔 수 있다면 어떨까요?

디지털 파일 판매는 굉장히 매력적인 시장입니다. 그러나 아직도 막막합니다. 정확히 무엇을 판다는 것인지, 어떻게 돈을 벌 수 있다는 것인지 널리 알려진 바가 없기 때문입니다. 초보자라면 그만큼 먼 길을 돌아가야 하고 시행착오도 많이 겪을 수밖에 없습니다. 혼자 아무 도움을 받지 않고 맨땅에 헤딩하는 식으로 도전한다면 시간도 오래 걸리고 헤맬 수밖에 없어요. 그래서 셀러로 활동하고 있는 이들의 노하우가 굉장히 중요하답니다.

이 책은 제가 터득한 방법들을 더 많은 분들과 나누고 싶어서, 더 많은 분들이 저처럼 좋아하는 일을 하면서 돈을 벌기를 바라는 마음으로 쓰게 되었습니다. 〈클래스101〉에서 온라인 강의를 하면서 많은 분들을 만났습니다. 그림을 잘 그리는 사람, 문서를 정말 깔끔하게 잘 정리하는 사람, 사진을 느낌 있게 잘 찍는 사람, 글씨를 예쁘게 쓰는 사람…. 하나같이 자신이 즐겁고 재밌어서 좋아하는 일을 잘하게 된 분들이었습니다. '재주 있는 분들이 이렇게나 많은데, 이런 소소한 재주로 돈을 버는 게 가능하다면 얼마나 좋을까' 하는 바람은 더욱 커졌어요.

아니나 다를까 지난봄 처음 오픈한 강의에 등록한 수강생이 3000명을 넘었습니다. 저조차도 놀라운 숫자였지요. 수강생들은 모두 열정이 가득한 분들이었습니다. 적극적으로 포트폴리오를 보여주고 하나라도 더 얻으려 꼼꼼하게 질문했습니다. 직접 숍(온라인 스토어)을 차려 셀러가 된 수강생이 늘어날수록 저는 그들의 넘치는 열정에 감동받았고, 고민을 서로 주고받으며 저 또한 더 깊이 있는 셀러로 거듭날 수 있었습니다. 꼭 5년 전으로 돌아간 것만 같았지요. '지금 알고 있는 것을 그때 알았더라면 얼마나 좋았을까' 하는 초심자의 마음으로 이 책을 썼습니다.

1억 매출 달성. 직장을 다녔다면 받을 수 있는 연봉이었을까요?

아이를 키우며 소소하게 시작한 일이 눈덩이처럼 불어나 어마어마한 매출이 되리라고는 저 또한 처음부터 꿈꿔보지 않았습니다. 하지만 잠을 자고 있는 동안에도 제가 만든 파일들은 전 세계 고객들에게 팔리고 있습니다.

여러분도 얼마든지 할 수 있습니다. 이 책을 통해 디지털 파일이라는 시장의 전반적인 현황과 판매 과정을 이해할 뿐 아니라 직접 해외 플랫폼에 개인 숍을 열어 판매까지 이어지도록 제가 실제 활용하는 모든 노하우를 차근차근 알려드릴게요.

바로 이런 분들에게 추천합니다.

- 손으로 뭔가를 그리거나 만드는 걸 좋아하는 사람들.
- 사진 찍기를 좋아하거나 인스타그램 피드를 잘 꾸민다는 말을 들어본 사람들.
- 수채화, 캘리그래피, 캐릭터 만들기 등 각종 클래스를 섭렵한 취미 부자들.
- 작고 소중한 월급에서 벗어나고자 N잡을 시작하고 싶지만 방법을 모르는 직장인들.
- 왕년에 그림판 좀 다뤄본 사람들.
- 프레젠테이션은 자신 있다! 파워포인트의 달인들.
- 이미 디지털 파일 판매를 하고 있지만 정보가 부족해서 헤매고 있는 사람.

기술적으로 모르는 것은 하나둘씩 배워나가고 아무도 알려주지 않는 답은 직접 부딪혀본 결과 제 삶에도 많은 변화가 찾아왔습니다. 가장 감사한 일은 저 스스로 자신감이 붙었다는 것입니다.

"당신이 만든 포스터 덕분에 아이 방을 예쁘게 꾸몄어요. 이 그림처럼 제 아이도 따뜻한 사람으로 자라면 좋겠습니다."

평범한 육아맘인 저를 '디자이너'라 불러주는 사람들, 고맙다는 표현을 아끼지 않는 고객들에게서 정말 많은 힘을 얻었습니다. 자신감이 높아지면서 '나도 할 수 있다!'라는 긍정적인 생각들이 늘어났고요. 일하는 시간을 조절할 수 있으니 가족들과 함께 보내는 소중한 시간을 희생할 필요도 없었습니다. 자동적으로 수익이 나는 구조를 만들어놓은 다음에는 경제적인 면에서 자유로워졌다는 점도 크고요.

아직 아이디어가 없고 디자인에 관해서 잘 모르더라도 괜찮습니다. 이 책에서 분명 도전해볼 만한 아이템을 찾을 수 있을 겁니다. 먼저 경험하고 도전해본 제가 그동안 얻은 노하우들을 모두 공개할 거니까요. 붙여넣기만으로 간단히 쓸 수 있는 영문 템플릿과 시즌별 아이템 아이디어, 효율적으로 시간 관리하는 법, 수강생에게 가장 많이 받은 질문 등 각종 꿀팁과 자료를 아낌없이 담았습니다.

처음부터 쉬운 일은 없습니다. 그러나 평범한 제가 할 수 있었듯 여러분들도 할 수 있어요. 좋아하는 일을 하며 돈을 버는 삶, 더 이상 꿈이 아닙니다!

2021년 2월

노마드 그레이쓰

Chapter 1

나의
디지털 노마드
스토리

나도 할 수 있을 것 같은데?

2015년 봄, 아이를 낳고 집에서 육아에 전념할 때였습니다. 두 살 배기 아이가 바깥 나들이를 할 때 쓸 만한 귀여운 아이템이 있으면 좋겠다 싶어 '핸드메이드 코바늘 아기 모자'를 찾으러 노트북을 켰습니다. 키워드를 넣고 스크롤을 내리다 묘한 이름의 쇼핑몰을 발견했습니다.

'음⋯Etsy? 이건 어떻게 읽는 거지?'

해외 쇼핑몰은 아마존, 이베이밖에 모를 때라 이 생소한 이름을 어떻게 발음해야 하는지도 몰랐죠. '아기 용품 말고 또 무얼 팔지?' 하는 호기심에 이끌려 쇼핑몰을 구경하기 시작했습니다. 예쁘고 독특한 핸드메이드 제품들이 많더라고요. 아, 여긴 개인이 직접 만든 상품들을 주로 파는 사이트구나, 싶었어요. 여러 창작자들이 취향과 재주를 담아 만든 제품들은 모두 특색이 넘쳤습니다. 그러다 아이

방에 걸 만한 포스터를 발견했습니다. 심플한 디자인이 마음에 들었죠. 5달러? 바로 'Buy it now' 버튼을 클릭하려 했습니다. 그런데 이런 문구가 눈에 띄더군요.

'Digital file, printable…' 디지털 파일이고, 프린트할 수 있다고?

그렇습니다. 온라인 쇼핑몰에서 물건을 사면 실제 제품이 택배로 집 앞에 도착하는 익숙한 방식이 아니었습니다. 어리둥절해진 저는 제품 정보를 자세히 살펴보기로 했습니다.

'Instant digital download…' 주문하면 바로 다운로드 가능?

집에 있는 프린터나 동네 출력소 같은 곳에서 직접 프린트해 사용하라는 설명이었습니다. 완제품을 배송해주는 것이 아니라 '파일' 자체를 '인쇄용'으로 판매하는 것이었습니다. 처음에는 당황스러웠습니다. 저희 집에는 프린터가 없었거든요. 딱 마음에 드는 그림을 찾았는데 아쉽게 되었지 뭐예요. 김이 새버려 노트북을 덮고 부엌으로 가서 설거지를 하는데 불현듯 어떤 생각이 스쳤습니다.

'저 정도 심플한 디자인이면 내가 직접 만들어도 되겠는데?'

컴퓨터에 기본으로 깔려 있는 그림판 가지고 요리조리 사진 편집도 해보고 글씨도 써봤던 한때 실력을 발휘해볼까 싶었습니다. 손재주가 있다는 소리 좀 들었던 대학생 시절이 떠오르자 기분이 좋아졌습니다. 달그락달그락 그릇 부딪히는 소리도 경쾌하게 들렸죠. 그러다 갑자기 이런 생각이 들었습니다.

'어? 그럼 나도 저렇게 만들어서 팔 수 있는 건가?'

뒤통수를 세게 얻어맞은 기분이었습니다. 수도를 잠그고 곧장 방으로 달려 들어가 다시 노트북을 켰습니다. 아까 열어봤던 페이지로 들어가 다른 사람들은 무슨 파일을 팔고 있나 조사하기 시작했습니다. 살다 보면 그럴 때 있잖아요? 갑자기 다른 세계의 문을 여는 것 같은, 말로 설명할 수 없는 기분이 들 때요. 이날이 저에겐 그런 날이었습니다. 육아와 살림에만 몰두하다 나도 모르게 지쳐가던 찰나, 호기심이 생기는 무언가를 발견한 그날부터 저는 다른 세계로 들어가는 문을 활짝 열어보기로 했죠. 다음 날부터는 아이들이 자는 시간 틈틈이 유튜브로 포토샵 강의도 찾아봤습니다. 영상을 따라 하며 간단한 도형과 타이포그래피를 이리저리 조합해보기도 하고, 포스터 비슷하게 만든 이미지를 액자 사진에 그럴싸하게 넣어보기도 하고요. 파일을 하나씩 만들어나가며 엣시Etsy에 계정을 오픈했어요. 내가 만든 파일들을 한번 팔아보기로 한 것이죠.

열 개 남짓한 파일을 올려놓고 잊고 있던 즈음이었습니다. 한밤중에 스마트폰 알람이 울려 눈을 비비며 들여다보니 드디어 '주문 메일이 도착했습니다'라는 메시지가 와 있었어요.

"어떡해, 내가 만든 파일이 팔렸어!"

자고 있는 남편을 흔들어 깨워 자랑했던 기억이 나네요.

"디자인 전공하셨어요?"

"관련 직종에서 일하신 적이 있나요?"

디지털 파일 판매로 1년에 1억 이상을 버는 글로벌 셀러라고 하면 많은 사람들이 이런 질문을 합니다. 하지만 저는 디자인 전공을 한 것도 아니고 관련 경력도 없는, 지극히 평범한 육아맘입니다. 대학을 졸업하고 디자인과는 전혀 관련이 없는 기업에서 잠시 일하다 일찍 결혼했습니다. 다른 경력이라고는 학교 다닐 때 아르바이트를 한 것이 전부입니다. 제가 디자인 프로그램을 활용해 만든 작업물로 돈을 벌 수 있을 거라고는 상상도 못 해봤어요. 어릴 적 컴퓨터 학원에서 잠깐 포토샵을 배운 것이 전부랍니다.

그런 제가 어떻게 디자인을 할 용기가 생겼나 궁금하실 것 같습니다. 10년 전으로 잠시 거슬러 올라가 볼게요. 미국 유학 시절, 저는 친구들 사진 '뽀샵' 담당이었습니다. 대단한 작업을 한 건 아니었어요. 다리 살짝 늘여주고, 턱도 좀 깎아주고요. 사진에 귀엽게 글씨를 넣거나 색감 보정만 조금 했을 뿐인데, 다양한 나라에서 온 친구들이 저를 능력자라도 되는 양 치켜세워 쑥스러웠죠. 한국에서는 누구나 이 정도는 하는데, 의외로 이런 기본적인 보정을 할 줄 아는 친구들이 한 명도 없었습니다. 심지어 포토샵이 뭔지 모르는 친구도 있었죠.

그러더니 하나둘 부탁이 들어오기 시작했어요. 한번은 밴드에서 활동하는 친구의 공연 포스터를 제작해주게 되었는데 작업이 너무 즐겁더군요. 시안을 다섯 개 정도 만들어서 보여주고 나니 프리랜서 디자이너라도 된 듯한 기분이었습니다. 포스터를 부탁한 클라이언트인 친구도 매우 만족했고요.

'한국에는 나보다 훨씬 잘하는 친구들이 많았는데… 이 정도만 해도 그럴듯하게 보이나 보네?'

자신감이 좀 생겼어요. 내가 무엇을 할 때 즐거운지 처음 깨닫게 된 계기이기도 했고요.

하지만 거기까지였습니다. 대학을 졸업하고 조금 이른 나이에 결혼을 하고 아이를 가지면서 저는 곧 현실에 부딪히고 말았어요. 취미는 그저 취미였을 뿐 커리어로 이어질 만한 실력인지는 스스로도 물음표였죠. 아이를 낳고 육아로 정신이 없어질 무렵에는 주말에 잡화점을 찾아 귀여운 노트나 스티커를 구경하는 것이 유일한 낙이었습니다.

'이건 색깔을 참 예쁘게 조합했네!'

'여기는 이런 폰트를 쓰면 더 예쁠 것 같은데….'

다른 사람이 만든 것을 보며 감탄하고 혼자 이리저리 상상해보곤 했지요.

미국에서 대학을 졸업했지만 영어는 그리 유창하지 않았던 제게 현지에서 일자리를 찾기란 하늘의 별 따기 같았습니다. 대학원생이던 남편의 수입 역시 빠듯해서 뭐라도 하고 싶었지만, 할 수 있는 일이 있다 해도 육아와 살림 때문에 여의치 않았고요. 날이 갈수록 자존감은 바닥을 쳤습니다. 그러다 엣시라는 플랫폼을 발견한 거예요. 물론 실력자들도 많았지만 초보 디자이너 느낌이 물씬 나는 셀러들의 상품들도 활발하게 팔리고 있었어요. 둘러볼수록 자신감이 생겼습니다.

'나도 비슷하게 만들 수 있을 것 같은데?'

첫 주문을 받는 데 성공하고 얼마 후, 남편은 큰맘 먹고 40만 원을 들여 중고 아이맥을 선물해줬습니다. 당시 여유가 없던 저희로서는 큰 지출이었어요. 눈을 반짝거리면서 주문이 들어왔다고 자랑했지만 오래된 노트북이 자꾸 다운되어 울상을 짓던 제가 불쌍했나봅니다.

　"두고 봐, 내가 본전 뽑게 해줄게!"

　큰소리를 쳤지만 남편은 사실 기대도 안 했다고 해요. 아이 기저귓값이나 나오면 다행이라 생각했다고, 나중에야 말하더군요.

　그 당시에는 누가 가르쳐줬던 것도 아니고 디지털 파일 판매로 월 얼마까지 벌 수 있는지 감도 안 오던 때라 그저 용감했던 것 같아요. '나는 특별한 취미가 없는데?'라는 의문을 가진 분들도 많을 겁니다. 저에게도 대단한 취미는 없었습니다. 그저 내가 즐거웠던 순간, 인정받았던 순간을 기억해 판매로 연결 지었을 뿐이랍니다.

　낮에는 집안일을 하고 아이를 돌보느라 자투리 시간을 내기 어려웠기 때문에 저녁 시간을 기다렸다가 아이가 잠들면 한달음에 책상 앞으로 달려가 포토샵을 열었습니다. 내가 좋아하는 일, 재밌는 일을 하니까 시간이 쏜살같이 흘러가기 일쑤였습니다. '이 중에 한 개만 팔려라!' 하는 소박한 마음과 '한 개라도 꼭 좀 팔려라!'라는 절박한 마음을 오가는 며칠이 흐르고 첫 판매 알림창이 떴던 그 새벽 이후 알림창은 하루에도 서너 번씩 뜨기 시작했습니다. 그렇게 3~4주가 흐르자 남편에게 약속했던 아이 기저귓값을 벌게 되었지요.

이게 진짜 되는구나!

그때부터 저는 같은 종류의 파일을 판매하는 인기 숍들을 샅샅이 찾아다니며 틈날 때마다 들여다보았습니다. 어떤 아이템이 잘 팔리는지, 이미지를 어떤 식으로 올리는지, 제품 설명에 어떤 키워드를 쓰는지 등등 공부할 것투성이였죠. 그토록 좋아하던 드라마를 보는 것보다 다른 숍을 구경하며 여러 가지 아이디어를 얻는 것이 훨씬 재미있었습니다.

잠자는 동안 돈이 벌린다

등록한 파일 리스트가 100건쯤 되었을 무렵, 정신을 차리고 보니 어느새 월세 정도의 수익이 들어오고 있었어요. 이렇게도 돈을 벌 수 있다니! 절로 신이 나면서도 새삼 신기하기만 했습니다.

하지만 너무 몰두했던 탓일까요. 육아와 일 어느 쪽에도 집중하지 못하는 제 자신을 발견했습니다. 집 안을 둘러보니 꼴이 말이 아니더라고요. 너저분한 거실에서 아이들이 뒹구는 모습을 보니 이건 아니다 싶었습니다. 딱 한 달만 쉬어야겠다고 마음을 먹고는 고객이 보낸 메시지에 답장하는 것 외에 다른 일은 모두 중단했습니다. 새로운 제품을 올리지 않고 운영을 잠시 멈추어보았죠. 그런데 이게 무슨 거짓말 같은 일일까요? 짬짬이 고객 문의에 답변만 보내고 있는데도 수익은 여전했습니다. 직장을 그만뒀는데 월급이 꼬박꼬박 들어오는 느낌이었습니다. 그때 깨달았어요.

일하지 않아도 돈이 들어오는구나!

이른바 패시브 인컴passive income, 자동화 수익이었습니다.

패시브 인컴이란?

시간당 보수와는 다르게 유지하는 데 드는 노력이 적은 수익이며 지속적인 개입 없이도
유지되는 수익.

쉬지 않고 달릴 때는 몰랐는데 잠시 멈추어보니 알겠더군요. 제가
일을 안 하는 시간에도 돈을 벌고 있다는 사실을요. 세계 최고 투자
자인 워런 버핏도 이런 말을 했잖아요.

만약 잠자는 동안 돈 버는 방법을 찾지 못한다면 우리는 죽을 때까지 일
해야 할 것이다.

_ 워런 버핏

생각해보면 정말 그래요. 회사를 다닐 수 있는 나이는 정해져 있
는데 일하는 시간당 받는 수입에만 의존한다면 내 노후는 어떻게
되는 걸까요. 월급만으로는 준비하기가 쉽지 않을 겁니다. 요즘 재
테크 관련 도서나 강의, 유튜브 콘텐츠 들이 눈에 많이 띄는 것도 그
런 막막함을 느끼는 분들이 많기 때문이겠지요.

저는 5년 동안 디지털 파일을 만들고 업로드하는 반복적인 작업
을 통해 노동 시간과 자본을 최소화한 저 나름의 수익 시스템을 만

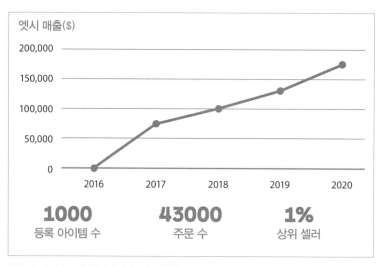

의 내용:

엣시 매출($)

200,000	
150,000	
100,000	
50,000	
0	

2016   2017   2018   2019   2020

1000
등록 아이템 수

43000
주문 수

1%
상위 셀러

시작한 지 2년 만에 엣시에서만 1억 매출을 넘겼습니다.

들었습니다. 하루 종일 매달린다면 '패시브 인컴'이라 부르긴 어려우니까요. 지금은 여태껏 차곡차곡 저장해놓은 파일들이 판매되면서 나오는 수익으로 생활하고 있습니다. 좋아하는 작업을 계속하다 보면 자연스레 내가 창출한 가치들이 쌓이게 될 거예요. 그 가치들이 내가 자고 있을 때도 열심히 일을 해주겠죠. 이 글을 읽는 여러분도 누구나, 얼마든지 할 수 있답니다. 기본적인 포토샵만 할 줄 아는 저도 가능했던 것처럼요.

저는 현재 총 여섯 개 플랫폼에서 디지털 파일을 판매하고 있습니다. 엣시, 크리에이티브 마켓Creative market, 재즐Zazzle, 레드버블Redbubble, 헝그리제이페그Hungry jpeg, 쇼피파이Shopify인데요. 각 플랫폼의 장단점이 다르기도 하지만 더 다양한 고객층에 노출할 수 있도록 한 곳에 올인하지 않고 여러 플랫폼에 도전하고 있습니다. 제가 판매하고 있는 파일 상품의 종류 역시 포스터, 초대장, 카드, 목업 사진, 클립아트, 플래너 등으로 다양해요. JPEG, PNG, PDF, SVG 등 다루는 파일의 형식도 각양각색이랍니다.

처음에는 하나의 정체성을 가지고 시작하는 것이 좋지만 중간중간 다른 분야에 도전하고 배우면서 새로운 가능성을 발견해보세요. 그렇게 점점 수익 파이프라인을 확장해나가는 것도 무척 즐겁답니다. 궁극적으로는 일을 하지 않을 때도 자동으로 돈이 벌리는, 수익 자동화 시스템을 구축하게 되겠지요. 이렇게 글을 쓰고 있는 지금도 바다 건너 어딘가에서 제 파일이 판매되고 있듯이 말이에요.

디지털 파일이 돈이 되는 이유

그러면 '왜' 디지털 파일일까요? 수익을 만드는 수많은 방법 중 제가 왜 하필 디지털 파일 판매를 선택했는지, 어떤 점이 그토록 매력적이며 장점은 무엇인지 알아볼 차례입니다. 디지털 판매가 돈이 되는 이유는 다섯 가지입니다.

한번 만들어놓으면 영원히 팔린다

실물physical 상품을 판매한다고 생각해보세요. 일단 제작하는 데 당연히 돈이 들고, 비용을 들여 배송해야 하고, 구매자가 상품에 불만족할 경우 반품도 받아야 하고, 재고가 쌓이지 않을지 혹은 부족하지 않을지 노심초사하며 제작 수량 결정에 머리를 싸매야 하죠.

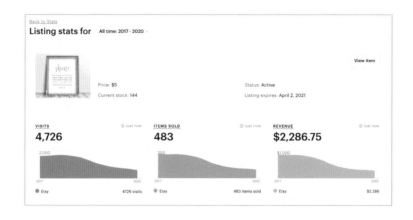

디지털 파일은 이런 걱정을 할 필요가 없답니다. 일단 한번 만들어서 업로드하면 끝! 누가 언제 다운로드하든 퀄리티가 일정한 상품을 내가 팔고 싶을 때까지 자동으로 판매할 수 있어요. 시간을 쏟아부어 돈을 버는 구조가 아닌 거죠. 즉 패시브 인컴을 만드는 데 제격입니다.

위 이미지는 2017년 등록해서 지금까지 총 483회의 판매를 달성한 디지털 파일 아이템입니다. 업로드한 지 3년이 지난 것인데도 여전히 잘 팔리고 있어요. 누적 판매액은 250만 원 정도인데요. 수수료 약 10만 원을 제외한 나머지가 모두 순수익입니다. 시장조사부터 디자인, 제품 이미지 작업과 상품 등록까지 들어간 모든 시간을 다 합쳐도 한 시간이 채 되지 않아요. 이렇게 짧은 시간을 투자해서 240만 원을 벌 수 있다니, 예전의 저로서는 상상도 못 하던 일이었죠. 이런 파일들이 몇십, 몇백 개가 된다고 생각해보세요. 정말 굉장하겠지요?

자본금이 거의 들지 않는다

디지털 파일 판매는 투자한 시간과 자본에 비해 수익률이 굉장히 높다는 게 장점입니다. 최소 비용으로도 얼마든지 시작할 수 있고 플랫폼 내에서 진행하는 프로모션 외에 따로 돈을 들여서 홍보할 필요가 없어요. 실물을 제작하는 비용, 사람을 고용하는 비용, 공간을 빌리는 비용도 들지 않죠. 실제로 초기 자본이 총 얼마나 들었는지, 제 경우를 예로 설명해보겠습니다.

노마드 그레이쓰의 초기 투자금

✅ 집에서 놀고 있는 **노트북** 사용	**0**원
✅ Adobe **포토샵** 정기 사용료	월 **11,000**원
✅ 디자인 **소스·폰트** 구매	약 **3**만 원
✅ **상품 등록** 수수료(무료 링크 사용)	**0**원
	TOTAL **41,000**원

즉, 제가 파일 판매를 시작할 때 들어간 총 비용은 5만 원도 채 되지 않았습니다. 만약 하나도 안 팔린다면? 최악의 시나리오를 가정한다 해도 잃는 것은 투자한 시간과 약간의 비용뿐입니다. 다른 창업이나 부업과 비교하면 굉장히 리스크가 낮지요.

언제 어디서든 일할 수 있다

Anytime, Anywhere! 노트북이나 태블릿을 들고 다니며 어디서든 내가 원하는 시간에 일할 수 있어요. 간단한 업로드와 다운로드만으로 모든 업무가 가능하기 때문인데요. 주문이 들어올 때마다 포장하고 배송할 일도, 재고를 걱정할 필요도 없죠. 이보다 더 간단한 시스템 사업이 있을까요? 제 닉네임이 '노마드 그레이쓰'인 것처럼, 저 역시 미국과 한국을 오가며 집과 카페 등 다양한 장소에서 일하고 있죠. 지금은 코로나로 필수가 되어버린 재택근무를 저는 이미 몇 년 전부터 하고 있었습니다. 직업의 생명주기까지 짧아진 지금 주수입 외의 부수입을 찾고 있다면 시간과 장소의 제약이 없는 노마드 비즈니스에 주목하셔야 합니다. 짬짬이 나는 자투리 시간을 투자하는 것만으로 충분히 가능하니까요. 이동하면서도 일을 하는 디지털 노마드의 삶, 더 이상 꿈이 아니랍니다.

디지털 노마드란?

일과 주거에서 유목민nomad처럼 자유롭게 이동하면서도 창조적인 사고방식을 갖춘 사람. 인터넷과 업무에 필요한 각종 기기, 작업 공간만 있으면 시간과 장소에 구애받지 않고 일할 수 있는 유목민들을 뜻한다.

가능성이 무궁무진하다

전자책e-book이 처음 등장했을 때를 떠올려보세요. 책 대신 파일을 산다는 게 어색했는데 지금은 전혀 그렇지 않죠.

국경이 따로 없는 디지털 파일 시장은 계속 커지고 있습니다. 판매되는 디지털 파일의 종류도 점점 더 다양해지고 있고요. 전 세계적으로 디지털 파일의 수요는 폭발적으로 늘어나는데, 중요한 건 공급을 해줄 플랫폼이 많지 않다는 겁니다. 대기업인 이베이와 아마존에서는 아직 파일 거래가 되지 않으며, 개인 쇼핑몰을 제외한 글로벌 전문 플랫폼은 현재 엣시가 유일합니다.

더 좋은 소식은 아직 우리나라에서 이와 같은 디지털 파일 전문 판매 플랫폼이 활성화되어 있지 않다는 점입니다. 분명 가까운 미래에 디지털 파일 판매 플랫폼들이 생겨날 겁니다. 지금 다른 사람보다 먼저 파일 판매를 시작한다면 앞으로 더 커질 디지털 파일 시장에서 빠르게 우위를 점할 수 있습니다.

무엇보다 재.미.있.다!

일반적인 부업을 생각해보면 기계적으로 같은 일을 반복하는 지루한 작업이 많습니다. 수익률만 보고 도전하는 경우도 있고요. 하지만 디지털 파일 판매는 나의 풍부한 창의력을 동원해서 고객의 니즈를 채워주는 작업이에요. 다른 부업도 해보았지만 특별히 제가 이 일을 오랫동안 할 수 있었던 건 작업 자체가 즐겁고 흥미로워서랍니다. 혹『모든 것이 되는 법』이나『폴리매스』같은 책을 재미있게 읽었다면 공감할 겁니다. 우리는 그동안 한 우물만 파는 전문가가 되라는 가르침을 받았지만, 새로운 지식은 계속 필요하고 사람을 대체할 수 있는 수단은 점점 많아져요. 저는 이 일을 하며 서로 큰 관계가 없어 보이는 전공, 취미, 경력을 제가 즐거웠던 경험과 연결할 수 있었습니다.

이 책을 집어 든 분들도 저와 비슷한 성향일 것 같아요. 한 우물을 파기보단 다양한 것에 관심이 많고, 꾸준하지 않고 금방 질리지만 잔재주가 많고 크리에이티브한 작업을 좋아하는… 그런 '다능인' 기질을 가진 사람들이라면 이어지는 본격적인 내용을 읽고 분명 '이거 재밌겠는데?' 하고 느낄 거예요.

시작하는 사람들을 위하여

"외국 사람들이 제가 만든 걸 살까요? 저 포토샵도 그렇게 잘하지 못하는데요."

평소 알고 지내던 친한 동생에게 처음 디지털 판매를 추천했을 때 동생은 자신 없는 목소리로 이렇게 말했습니다.

"괜찮아, 나도 처음엔 그랬어. 원래 첫걸음을 떼는 게 가장 어려운 법이야."

못 믿겠다는 의심의 눈빛을 보내던 그녀에게, 저는 조금은 어설픈 디자인의 상품을 판매하는 숍을 예시로 보여주었습니다.

"네 눈에도 디자인이 좀 그렇지?"

"언니, 이걸 진짜로 산다고요? 폰트 정렬도 제대로 안 되어 있는데, 완성한 파일 맞아요?"

동생은 의아해하는 눈치였습니다. 저는 스크롤을 내려 상품 리뷰를 보여주었습니다. 거기에는 '매우 만족한다', '너무 예쁘다'라는 별 다섯 개짜리 리뷰들이 달려 있었습니다.

"정말 신세계네요. 이 정도 디자인이라면 초보인 저도 해볼 수 있을 것 같아요."

이렇게 자신감을 얻어 걸음마 떼듯 숍을 오픈한 동생은 2년이 지난 지금, 자신만의 감각을 뽐내고 구매자들과 즐겁게 소통하며 훌륭하게 숍을 운영하고 있습니다.

완벽주의자가 되려 하지 마세요

"초보자인데 할 수 있을까요?"

"저는 그림을 잘 못 그리는데…."

태어나자마자 걷는 아이가 없는 것처럼 시작할 때부터 완벽한 사람은 없습니다. 1년이나 걸려서 첫걸음을 떼고 천천히 자라 어른이 된 우리인데, 왜 언제 그랬냐는 듯 태어나자마자 걷고 싶어 할까요. 새로운 일을 시작할 때마다 잘하고 싶다는 욕심은 늘 앞서고 잘해내야 한다는 강박에 시달리기도 합니다.

하지만 모든 일이 그렇듯 첫술에 배부를 수 있나요? 디지털 판매를 해보기로 결심했다면 첫걸음부터 너무 욕심내지 말길 바랍니다. 배워가면서 조금씩 성장하면 됩니다. 자신을 너무 과소평가하지도 마세요. 뛰어난 미적 감각을 가진 사람이 아니더라도 어렸을 때부터 다양한 상품 디자인 중에서 자신의 취향과 감각에 맞춰 최선을 골라 이삼십년 넘게 살아온 우리는 어쩌면 숨은 실력자인지도 모릅니다.

따라서 디지털 판매를 이제 막 시작하려는 사람들에게 먼저 그 길을 걸어온 선배이자 멘토로서 제가 해주고 싶은 이야기는 '완벽주의자가 되지 말라'는 것입니다.

내 눈에 완벽해 보이지 않아도 필요한 사람들 눈에는 충분할 수 있습니다. 스스로 한계를 정하지 말고 목표를 향해 꾸준히 나아가 보세요. 그러다 보면 조금씩 계속 성장하는 자신을 발견하게 될 거랍니다.

구체적인 목표를 설정하세요

내가 원하는 곳에서 원하는 만큼 일하는 것, 정말이지 모두가 꿈꾸는 삶 아닐까요? 누구나 디지털 노마드로서의 삶을 시작할 수는 있지만 성공하기가 쉽지 않은 이유는 모든 걸 혼자 선택하고 결정해야 한다는 무게 때문이지 않을까 싶습니다.

자율성에는 절제와 책임감이 뒤따릅니다. 누군가가 시켜서 하는 일이 아니라 스스로 일정을 계획하고 그에 맞춰 일상을 조율해야 하니까요. 계획을 세우지 않는다면 게을러지거나 포기하기 쉽다는 말이죠.

어느 비즈니스에서나 목표 설정이 중요하지만 디지털 파일 판매에서는 필수라고 생각해요. 처음에는 시간이 날 때마다 들여다보는 부업으로 시작하는 경우가 많고, 아무래도 여유 시간을 이용하다 보니 다른 일이 생기면 '내일 할까?' 하는 생각이 쉽게 들죠. 수익을 내는 구조가 만들어지기도 전에 "몇 개 올려봤는데 잘 안 팔리네"라고 하면서 서둘러 포기하는 경우를 심심찮게 보았습니다.

그러니 파일 판매를 시작한다면 다음 순서로 먼저 목표를 정하세요.

1) 파일을 하나 만들고 업로드할 때까지 걸리는 시간 계산하기
2) 하루, 일주일 또는 한 달 업로드 목표 개수 설정하기
3) 위 계획을 바탕으로 목표 수익 설정하기

내가 스스로 정하는 목표이니 거창할 필요도 없습니다. 꾸준히 새로운 파일을 올리다 보면 판매량이 쌓이고 쌓여 어느 순간 원하는 수익에 도달하게 됩니다.

유사품에 스트레스받지 마세요

디지털 파일은 창작물 중에서도 카피하기가 쉬운 편이기 때문에 저작권 문제가 종종 일어납니다. 제가 아는 현직 디자이너나 일러스트레이터와 이야기를 나눠보면 도용이나 카피 문제가 대개 걱정거

리입니다. 직접 만든 캐릭터 같은 경우는 저작권을 등록해두면 법적으로 해결할 수 있지만 디자인은 조금만 변주해도 다르다고 볼 수 있으니 속만 태우는 일이 많습니다. 더구나 이미 판매되고 있는 소스들을 사용한 경우라면 어떨까요?

잘나가는 제품을 그대로 모방해 만든 제품은 어디에나 있습니다. 그래서 이런 제품을 비하하는 뜻으로 '카피캣copycat'이라는 단어가 통용되는 것이겠지요. 어디 디지털 파일뿐인가요. 어느 쇼핑몰 할 것 없이 창작자의 아이디어를 무단으로 도용하는 사람들이 있습니다. 생전에 스티브 잡스도 삼성전자, 구글, 모토로라 등의 기업이 애플의 카피캣이라고 비난한 바 있고, 길거리에서 산 티셔츠도 알고 보니 어느 유명 브랜드를 그대로 따라 한 디자인일 때도 많습니다. 저도 디지털 판매를 시작한 초창기에 '어? 저거 내가 만든 건데' 싶을 정도로 누가 봐도 비슷한 파일을 발견하는 날이면 잠도 못 자고 속을 태웠습니다. 참을 수 없을 때는 '디자인 카피에 강경 대응하겠다'라는 내용의 메시지를 보내기도 했는데 대부분 돌아오는 반응은 형식적인 사과 메시지를 보내거나 슬그머니 카피한 제품들을 삭제하는 것이었습니다. 법적 자문을 구하고 정보를 찾았을 때는 이미 스트레스를 받을 대로 받은 다음이었지요.

해결할 수 없는 문제에 목을 매고 몇 달을 보내고 나서야 깨달았습니다. '모방은 창조의 어머니다'라는 말이 있듯이 창작물을 겨루는 세상에서 모방물은 아예 사라지기 어렵다는 것을요. 오히려 '누구든 모방할 수 있다'고 가능성을 열어두고 마음을 비웠다면 소중한 나의 시간과 에너지를 낭비하지 않았을 겁니다. 사람들의 눈은 선하고 정확해서 가끔은 카피캣과 오리지널리티를 귀신같이 알아보기도 합니다. 카피캣이 오리지널을 뛰어넘는 경우는 드물죠. 그런 고객들을 믿어보기로 해요. 너무 마음 휘둘리지 말고 쿨하게 대처하되 스스로 세운 목표에 집중하는 것이 더 생산적이라는 사실, 디지털 파일 시장에 지금 막 들어선 사람이라면 이 사실을 기억하고 나에게 집중하는 마음가짐이 필요합니다.

나만의 업무 루틴을 짜보세요

매일 아침 일찍 아이들을 유치원에 보낸 후 커피 한잔 내려놓고 밤사이 들어온 이메일과 주문을 체크합니다. 모닝 루틴이랄까요. 제가 자는 동안 지구 반대편에서 저의 답변을 몇 시간이나 애타게 기다린 손님이 있을지도 모릅니다. 그래서 아침에는 고객 응대를 제일 먼저 합니다. 남은 오전 시간에는 상품 등록 작업을 해요. 이미 만들어놓았는데 시간이 없어서 우선순위에 밀린 파일들이 있거든요. 점심을 먹고, 오전에 하지 못한 집안 살림을 합니다. 그러다 보면 금방 아이들을 데리러 가는 시간이 돼요. 아이들과 간식 먹고, 놀고, 씨름하다 보면 남편이 퇴근하네요. 저녁 준비하고 아이들을 재우면 저도 드디어 육아 퇴근입니다.

도대체 일은 언제 하냐고요? '육퇴' 후 바로 지금부터가 본격적으

로 집중해서 일을 할 시간입니다. 보통 저녁 9시부터 밤 12시 사이
인데요. 이 시간에는 요일별로 하루는 아이템 리서치와 검색엔진 최
적화를, 하루는 아이템 마케팅에 집중을, 또 하루는 제 비즈니스에
도움이 되는 클래스를 듣고 공부하는 방식으로 보냅니다.

이렇게 요일과 일할 시간을 정해놓지 않으면 나도 모르게 너무
많은 시간 일을 할 때도 있고, 하루 종일 핸드폰만 붙들고 있거나 가
족과의 시간에도 온전히 집중하지 못하게 됩니다. 자유로운 만큼 업
무와 생활의 밸런스를 맞추는 건 오히려 쉽지 않았어요. 그래서 최
대한 계획적으로 일을 하는 편입니다.

지금 바로
당신의 폴더를 뒤져라

"디지털 파일을 누가 돈 주고 사나요?"

"저는 파일을 사본 적이 없는데요?"

몇 년 전까지만 해도 책을 파일로 사는 사람은 거의 없었습니다. 하지만 지금 전자책을 다운로드받아 읽는 건 너무나 자연스러운 풍경이 되었죠. 컴퓨터나 태블릿 작업으로 만든 파일로 몇 억을 번다는 게 꿈같은 얘기처럼 느껴지던 시절, 혹시나 하는 마음으로 시작한 많은 동료 셀러들이 "진작 알았으면 삶이 바뀌었을 텐데"라며 더 일찍 시작하지 못한 것을 아쉬워하고 있습니다.

예전에는 소수의 얼리어답터들만이 파일을 구매했다면 지금은 파일 구매가 전 세계적으로 보편화되고 있습니다. 게다가 코로나로 온라인 쇼핑이 필수인 시대가 더욱 앞당겨졌죠. 직접 가게에 가서 실물 완제품을 사는 것만큼 앞으로 디지털 파일 구매가 자연스러운 세상이 곧 올 거예요.

물론 아직은 국내에 다양한 파일 판매 경로가 없기에 어떤 것까지 파일로 판매가 가능한지 감이 잘 오지 않을 수 있습니다. 하지만 해외에서는 "이런 것까지 파일로 구매한다고?"라고 할 정도로 그 종류가 무척 많습니다. 뒤에 나올 챕터에서 더 상세히 알려드릴 테지만 살짝 미리 살펴볼게요. 어쩌면 여러분의 컴퓨터 폴더 안에 이미 소스가 있을지도 모르는 것들이랍니다.

무엇으로든 만들 수 있는, 포스터

고객이 파일을 출력한 뒤 액자 등에 넣어서 장식용으로 사용할 수 있는 형태입니다. 프린터블 아트printable art 또는 월 아트wall art라고 하는 카테고리에 해당하며 일러스트, 드로잉, 타이포그래피, 사진 등 다양한 종류가 가능해 자신 있는 분야로 도전해볼 수 있다는 유연함이 있죠. 어떤 디자인이든 가능하기 때문에 초보자들이 도전하기 가장 쉬운 아이템입니다.

문서 작성의 신이라면, 템플릿

파워포인트, 키노트, 굿노트 플래너, 엑셀, 구글독스 같은 프로그램을 잘 다룬다면 문서 템플릿을 만들어보는 것을 추천합니다. 잘 만들어진 템플릿을 간단하게 수정만 해서 원하는 작업 결과물을 얻고자 하는 수요가 있습니다. 대학에 다닐 때 과제를 하거나, 공모전을 준비하면서, 회사에서 각종 보고서를 쓰면서 익힌 스킬을 발휘해볼 타이밍입니다! 워드 파일이나 구글독스를 이용한 이력서 템플릿, 간편하게 출력해서 사용할 수 있는 체크리스트나 시간표, 교사혹은 홈스쿨링하는 가정을 위한 각종 엄마표 학습지kids activity sheet 등도 잘 팔립니다. 색칠놀이부터 알파벳 공부 등의 학습지로 나만의 틈새시장을 노려보세요.

다양한 디자인 소스

아이콘이나 인포그래픽, SVG, 패턴, 텍스처가 포함될 수 있습니다. 아이콘은 픽토그램이나 심볼, 이모티콘 등 상징적인 기호나 형상을 뜻하며 인포그래픽은 데이터와 지식 등을 시각적으로 나타낸 파일입니다. 모두 정보를 빠르고 쉽게 전달하기 위한 보고서, 제안서, 블로그 포스팅에 자주 사용됩니다.

SVG 파일은 커팅 파일이라고 부르기도 하는데 스티커 용지를 만들거나 티셔츠·가방·컵에 디자인을 모양대로 찍어낼 때 필요한 바로 그 파일이에요. 해외에서는 크리컷cricut이나 실루엣카메오 silhouette cameo 같은 커팅 기계가 대중화되며 SVG 파일에 대한 큰 수요가 있답니다.

그 외 같은 시각 요소를 반복적으로 나열한 패턴이나 시각적으로 질감을 표현한 텍스처 작업물도 판매가 가능합니다.

바로 출력해서 내 손으로 만드는 굿즈

다꾸(다이어리 꾸미기)는 어느 나라 할 것 없이 지금 전 세계 모든 10대들이 열광하는 취미입니다. 스티커로 만들 수 있는 디지털 파일 판매량이 그 인기를 증명하는데요. 취향 저격 스티커를 만든다면 재구매와 재재구매로 이어지는 팬층을 확보하게 됩니다. 참, 외국에서는 우리가 생각하는 '다이어리'를 '플래너planner'라고 부른다는 점, 업로드할 때 참고하세요.

기발한 아이디어의 카드 역시 꾸준한 인기 아이템이에요. 생일 축하 카드, 졸업 축하 카드 등 다양한 이벤트에 따라 특별한 카드 파일을 판매할 수 있습니다. 각종 파티에서 쓸 수 있는 촬영용 DIY 소품들printable props도 잘 팔려요. 파일을 다운받고 출력해서 막대기에 붙이면 끝! 해외에서는 이런 식으로 파티 사진을 재미있게 찍고 싶어 하는 수요가 많은데 테마가 다양해서 작업도 무척 재미있답니다. 달력은 연말연시에 수요가 폭발하는 아이템입니다. 예쁜 일러스트를 곁들이거나 심플하게 디자인하는 등 다양한 느낌으로 판매할 수 있어요.

요즘 핫한, SNS 장식용 아이템

요즘은 비즈니스를 하려면 소셜미디어 운영이 기본인데요. 블로그나 인스타그램에 포스팅을 하나 하더라도 신경 쓸 게 정말 많죠. 그래서 페이지나 피드를 꾸미는 데 자신 없는 사람들은 이미 만들어진 템플릿을 구매한답니다. 페이스북 템플릿, 유튜브 배너, 인스타그램 하이라이트 버튼 등 여러 가지 다양한 템플릿들을 판매할 수 있어요. 요즘 그야말로 핫한 아이템이에요.

사진 좀 찍는다, 한다면

혹 주변에 셀기꾼이 있다면 필터 하나가 얼마나 큰 변화를 주는지 보셨을 거예요. 라이트룸 프리셋은 라이트룸이라는 프로그램에서 사용 가능한 사진 보정 필터입니다. 요즘은 라이트룸이 스마트폰 어플리케이션으로도 나와 있어서 간편하게 적용할 수 있기 때문에 판매가 늘고 있는 분야예요.

스톡 사진은 상업용으로 판매하는 사진입니다. 마케팅이나 브랜딩으로 사용하기 위한 스톡 사진의 거래량은 전 세계적으로 정말 어마어마합니다. 많이 아시는 셔터스톡Shutterstock의 사진들이 해당됩니다.

목업mock-up은 실제 제품과 비슷한 모형을 의미하며 제품의 디자인을 평가하거나 실제 작동을 시험해보기 위한 목적으로 제작됩니다. 티셔츠, 머그잔, 액자, 에코백 등 아무런 디자인이 들어가 있지 않은 물건을 촬영한 사진을 판매하면, 이를 구매해 자기 디자인을 넣어 제품 소개 사진으로 사용하는 이들이 있습니다. 즉, 구매자는 주로 다른 셀러나 디자이너예요.

그 외 짧은 비디오 클립으로 판매할 수도 있고, 사진 자체를 포스터용으로 판매할 수도 있습니다. 스마트폰에 달린 고화질 카메라로 그야말로 누구나 사진을 찍고 영상을 촬영할 수 있는 시대입니다. 가지고 있는 것을 십분 활용해 여러분의 상상력을 발휘해보세요!

태블릿에 이것저것 끄적이기 좋아한다면

최근 아이패드로 프로크리에이트Procreate 앱을 사용하는 사람들이 늘어나면서 이와 관련한 아이템들도 많이 생겨나고 있습니다. 어플리케이션 내에서 사용할 수 있는 브러시, 팔레트, 스탬프, 손글씨 연습장lettering workbook 파일 등이 이 카테고리에 포함됩니다. 이런 게 진짜 팔리냐고요? 네, 매우 잘 팔리고 있습니다. 검색으로 확인해보세요! 프로크리에이트를 즐겨 사용하는 사람들에게 특히 추천합니다. 유저들의 니즈에 꼭 맞는 파일을 생각해낼 수 있을 테니까요.

DIY 마니아들을 위한 각종 도안

코바늘, 뜨개질, 옷이나 자수 등의 패턴(도안)도 돈이 된다는 사실! 손으로 뭔가를 만드는 취미를 갖고 계신가요? 그렇다면 같은 DIY 취미를 가진 사람들에게 개성 있는 모티브, 배색 아이디어가 빛나는 다양한 도안을 디지털 파일 형식으로 판매할 수 있습니다. 제가 아기 모자를 검색하다가 엣시를 알게 된 것처럼요.

지금까지 소개한 아이템들은 다운로드하자마자 바로 사용할 수 있는 파일들입니다. 파일 디자인이 맘에 들고 당장 쓸 수 있다면 소통 없이 바로 구매로 이어지는 경우가 많아요. 고객 상담CS이 최소화되고 자동화가 가능하다는 장점이 있죠.

이 외에도 주문 제작custom 디지털 파일을 판매하는 셀러들을 볼 수 있는데요. 고객이 원하는 문구나 이름을 넣어주는 작업이라고 보면 됩니다. 커스터마이징을 할 경우에는 고객 커뮤니케이션과 각종 원칙을 정해야 하는 부분들이 많아지므로 초보자에게는 권하지 않습니다.

이제 얼마나 다양한 종류의 파일들을 판매할 수 있는지 알게 되었나요? 영어 키워드와 함께 볼 수 있도록 책 뒤에 아이템 리스트를 정리해봤어요. 키워드들을 검색했을 때 나오는 상품 목록들을 보면서 감을 잡을 수 있을 거예요.

제가 처음 디지털 파일 판매를 시작할 때만 해도 파일을 구매한 고객들이 "아직도 배송이 안 오는데, 운송장 번호가 뭐니?"라며 배송을 기다리는 일이 더러 있었어요. 지금은 상황이 달라졌습니다. 디지털 파일 구매를 경험한 고객들이 매우 많고 파일을 구매한다는 개념이 굉장히 대중화되어 있어요. 파일 판매의 간편함과 저렴한 가격 때문에 실물보다 파일 제품부터 찾는 고객들이 생겨났습니다. 안 사본 사람은 있어도 한 번만 사본 사람은 없다고 해야 할까요? 오히려 실물 배송 제품을 판매하는 셀러에게 "내가 내일 급하게 사용해야 해서 그러는데, 이거 파일로 판매하면 안 될까?"라는 문의가 쏟아질 정도라고 하니까요.

소소한 용돈 정도 벌 수 있겠지, 하고 생각하셨다면 놀라지 마세요. 억대 매출의 셀러들이 넘쳐납니다. 디지털 파일 매출이 엄청나다는 것은 엣시 베스트셀러 숍 몇 군데만 확인해도 눈에 다 보일 거예요. 저 역시 머릿속에 있던 아이디어 또는 컴퓨터 용량만 차지하던 자료를 판매로 연결하지 않았다면 아무런 변화도 일어나지 않았을 거예요. 지난 몇 년간의 작업들이 고스란히 파일이라는 형태로 모두 남아 있는데도 말이지요. 눈에 보이는 수익을 통해 큰 성취감을 얻을 수 있었습니다. 이제는 저의 온라인 숍이 포트폴리오이자 커다란 자산이 되었습니다. 여러분도 늦지 않았어요. 취미 혹은 습작이라고만 생각했던 작업이 여러분의 소중한 자산이 될 겁니다.

Chapter 2

취미를
수익으로 연결하는
워밍업

내 브랜드의 정체성 찾기

　나만의 온라인 숍을 개설하기 전, 가장 중요한 것은 미리 정체성을 고민해보는 시간을 가져야 한다는 것입니다. 저는 이 단계를 건너뛰고 무작정 오픈부터 해버렸기 때문에 많이 흔들리고, 또 우왕좌왕했습니다. 온라인에 자그마한 공간을 마련하는 것이지만 나름의 브랜딩이 필요하다는 것을 배웠지요. 지금 간단하게라도 방향을 잡아놓는다면 운영하는 도중에 헤맬 확률이 줄어듭니다.

- 어떤 아이템을 선택할지
- 어떻게 브랜딩할 것인지
- 어떤 고객들에게 노출되어야 하는지

　이 세 가지를 생각해보면서 숍의 방향과 정체성을 정해보세요. 앞

장에서 소개한 아이템들을 다시 한번 떠올리면서 구상해보기 바랍니다.

어떤 아이템을 만들고 싶나요?
내가 좋아하는 것 찾기

나에게는 어떤 디지털 파일이 잘 맞을까? 나는 어떤 작업을 할 때 즐거운가? 한번 진지하게 고민해보세요. 아무래도 내가 작업 과정을 즐길 수 있는 아이템을 선택하는 것이 가장 좋습니다. 그래야만 포기하지 않고 오랫동안 지속할 수 있거든요. 저도 실제로 '어! 이거 요새 잘 팔리는 것 같던데' 하는 생각에 시작했지만 재미가 없어 몇 개 만들다 만 아이템이 있습니다. 제가 처음 정했던 대전제, '좋아하는 취미로 돈을 벌어봅시다'에 부합하지 않았기 때문이죠. 계속해서 동기부여가 되고 지속 가능성도 높이려면 역시 좋아하고 즐기는 것을 해야 합니다. 제 강의를 들은 많은 수강생들도 그 점에 공감했으리라고 생각합니다. 수익만을 고려한다면 다른 부업도 많기 때문에 굳이 취미로 부수입을 얻으려고 하지 않았을지도 모르죠.

이미 가지고 있는 취미가 있다면 그와 관련한 아이템을 선택할 수 있습니다. '내가 포토샵 좀 하지.' '난 컬러 감각이 있어.' '아이패드로 드로잉하고 있으면 시간 가는 줄 모르겠어.' '집에서 놀고 있는 카메라를 써볼까?' 이런 생각이 든다면 이를 살릴 수 있는 아이템들을 생각해보세요. 이 책을 집어 든 독자라면 다방면으로 취미를 가진 능력자들일 텐데요. 관심이 있어 뭔가 배우기는 했지만 아직 판매로는 연결 지어보지 않은 취미가 있다면 바로 그 분야에 도전해보세요. 아직 드로잉이나 디자인을 해본 경험이 없다면 '이 아이템을 만드는 게 왠지 가장 재밌을 듯하다, 도전해보고 싶다' 하는 호기심이 이는 아이템을 우선 떠올려 보세요. 또 특별한 취미가 없더라도 내가 잘할 수 있는 것, 내가 알고 있는 것, 내가 가진 경험과 장점을 활용할 수 있는 아이템이 있는지 한번 고민해보세요. 내가 이룬 것들 중에 아주 작은 것이라도 디지털 파일과 연결 지을 만한 것이 있는지 말이에요. 나는 부족하다고 생각하지만 다른 사람이 높이 평가하는 것들은 없을까요? 발상만 바꾸면 사소해도 특별한 아이템이 탄생할 수 있습니다.

예를 들어보겠습니다. 가계부 정리에 일가견이 있나요? '나는 돈 관리를 깔끔하게 잘해!'라고 생각한 적이 있다면 검색창에 메인 키워드 'budget planner'를 입력했을 때 어떤 연관 검색어가 많이 나오는지 살펴보세요. 사람들이 어떤 점에서 도움을 받기를 원하는지, 내가 어떤 부분들을 해결해줄 수 있을지 고민해보는 겁니다. 리서치를 하다 보면 '아! 내가 엑셀로 가계부 정리 파일을 만들 수 있겠구나' 혹은 '가계부용 스티커를 만들 수 있겠구나' 같은 아이디어를 얻게 됩니다.

어떤 이미지를 잡고 싶나요?

브랜딩 연습하기

브랜딩이라고 하면 전문가의 영역 같지만 시각적으로 몇 가지 중심만 잡아도 충분합니다. "이름의 의미는 어디에서 파생되었으며, 어떠한 역사를 가지고 있고, 어떤 슬로건을 가지고 있다" 같은 거창하고 구체적인 브랜드스토리 없이도 얼마든지 구매자들에게 선택받을 수 있습니다.

강함 건강함 경쾌함 긍정적 깔끔함 다정함 다이내믹
달콤함 대담함 도시적 도전적 따뜻함 레트로 로맨틱
모던 몽환적 미니멀리즘 밝음 보헤미안 빈티지
사랑스러움 새로움 신뢰감 신선함 심플함 자유로움
자신감 젊음 정직함 즐거움 아티스틱 우아함 여성스러움
여유로움 열정적 오가닉 차가움 차분함 친근함
컬러풀 쿨 클래식 화려함 힙스터

여러분의 숍을 소개한다면 어떤 단어나 이미지 또는 색상이 떠오르나요? 고객에게 어떤 느낌을 전달하고 싶은가요? 숍의 분위기를 구상하는 연습을 함께 해보겠습니다. 위에서 나열한 여러 가지 스타일 키워드 중 나의 숍을 구체적으로 묘사하는 키워드를 찾아봅니다. 내 숍의 취향과 스타일을 단어들로 떠올려 본다면 시각화하기가 더

쉬울 거예요. 이번에는 선택한 단어를 곰곰이 곱씹어 보면서 색상을 떠올려 보세요. 내 숍의 톤앤무드를 보여주는 색상, 키워드와 잘 어울리는 색상이 있을 거예요. 잘 떠오르지 않는다면 단어를 보았을 때 떠오르는 유명한 브랜드들의 메인 컬러를 참고해보는 것도 도움이 됩니다. 내 숍을 나타내는 형용사와 색상만 잘 설정해도 기본적인 콘셉트는 세울 수 있어요.

- **메인 배너:** 숍을 방문했을 때 제일 크게 보이는 이미지인만큼 브랜드 이미지와 어울리는 사진이나 디자인으로 꾸미세요. '2+1'이라든지, '전 품목 30% 할인!' 같은 세일 정보를 넣는다면 방문자에게 더 어필할 수 있습니다.
- **로고:** 타이포그래피로 숍 이름을 쓰거나, 아이콘 혹은 사진을 사용해도 됩니다.
- **프로필 이미지:** 로고와 마찬가지로 이름이나 아이콘, 드로잉을 사용해도 되고 신뢰도를 높이는 얼굴 사진을 넣어도 됩니다. 구매자들과 메시지로 소통할 때 뜨는 프로필 사진이기 때문에 비운 채로 두지 말고 꼭 이미지를 올려두세요.
- **섬네일:** 전체적인 톤앤매너를 고려해야 합니다. 이용자들은 숍 전체를 둘러보기 전에 섬네일만 보고 클릭할지 말지 결정합니다. 그만큼 브랜드 특성을 잘 드러내면서 이용자의 눈을 사로잡는 이미지를 잘 골라야겠죠.
- **제품 등록:** 타이틀, 태그, 제품 설명에도 브랜드를 표현하는 키

워드가 녹아 있어야 합니다.

어디 사는 누구세요?
나의 고객 찾기

모든 사람에게 팔고자 한다면

그건 아무에게도 팔려 하지 않는 것과 같다.

If you're selling to everyone, you're selling to no one.

마케팅 공부를 하다보면 자주 접하는 문장입니다. 세상 모든 사람에게 물건을 팔 수 없고 또 모든 고객을 만족시키는 상품을 만들 수도 없습니다. 어떤 사람들에게 내 아이템을 판매할지 생각해보지 않고 무작정 숍을 오픈한다면 정말 중요한 부분을 건너뛰고 시작하는 겁니다. 막연한 '아무나'가 아닌, 잠재적 내 '타깃'은 어떤 사람들인지 꼭 짚고 넘어가자고요. 미리 정해놓지 않는다면 처음 키워드를 잡을 때 막연하고 두리뭉실한 키워드들만 떠오를 수 있어요. 내 타깃 고객의 욕구와 니즈를 알고 나면 아이템이나 디자인에 대한 고민이 확 줄어들 거예요. 고객의 나이가 어떻게 되나요? 어느 곳에 살까요? 어떤 상품에 관심이 있을까요? 스스로 누구를 만족시켜야 할지 질문하고 고민해봐야 합니다. 제 타깃 고객을 정리해볼게요.

- **이름:** 브리트니

- **성별 / 연령:** 여성 / 31세

- **직업:** 간호사이자 예비 신부

- **구매 스타일:** 항상 업무로 바쁘기 때문에 오프라인 쇼핑보다는 온라인을 통해
  서 구매하는 편. 유행에 민감하다.

- **취미:** 인스타그램, 블로그, 요리

- **니즈:** SNS에 직장 생활과 결혼 준비 포스팅을 예쁘게 올리고 싶다.
  (타깃이 내 상품을 이용하면서 얻고자 하는 목표)

- **자주 방문하는 사이트:** theknot.com, 인스타그램 @weddingwire

고객 설정을 하면 어떤 변화가 있을까요? 새로운 상품을 추가할
때 수백 가지의 아이디어를 고민하는 대신, "브리트니는 어떤 상품
이 필요한가?"라는 구체적인 질문 하나로 결정이 날 수 있어요. 그
녀가 클릭할 만한 아이템들을 떠올려 볼게요. 간호사용 디지털 플래
너, 웨딩 혹은 간호사 일러스트 스티커, 웨딩 체크리스트, 결혼식 데
코 포스터, 답례품 라벨, 감사 카드, 청첩장, 양가 부모님과 들러리에
게 줄 드로잉 액자도 그녀를 채워주는 소비로 연결될 수 있어요.

여기에 더해 타깃 고객이 자주 방문하는 사이트나 브랜드는 새로
운 트렌드를 확인하는 데 도움이 되니 꼭 연구해보세요. 웨딩 분야
는 시즌에 따라 또 유행에 따라 컬러와 디자인에 영향이 크기 때문
에 저 역시 수시로 블로그들을 돌아보면서 요즘 트렌드를 파악한
후 디자인에 적용합니다.

비록 가상 인물이지만 이런 식으로 페르소나를 그려보면 실제 고객들이 어떻게 생각하고 행동할지 더 쉽게 이해하고 판매에 적용할수 있어요. '내 타깃이라면 어떤 선택을 할까?' 잘 떠올리며 따라가다 보면 숍이 산으로 가는 사태를 방지할 수 있습니다.

물론 운영해나가면서 타깃 고객도 바뀔 수 있습니다. 하지만 브랜딩과 타기팅이 함께 가야 디자인을 할 때도, 제품 라인을 잡을 때도 방향성과 통일성 있게 작업할 수 있습니다. 구체적이면 구체적일수록 좋습니다. 예를 들면 다음과 같습니다.

- 나는 포스터를 팔고 싶어요. [✗]
- 나는 80년대생 여자들이 방을 꾸밀 때 사용할 법한 포스터를 팔고 싶어요. [○]

노트를 펼쳐 내가 타깃으로 삼을 고객에 관해서 써보세요. 먼저 주변 인물 중에서 내가 판매하려고 하는 아이템을 살 것 같은 사람이 있는지 생각해보면 쉽습니다. 떠오르지 않는다면 가상의 인물을 만들어보세요. 드라마 속 주인공을 떠올리는 것도 괜찮습니다. 몇 살인지, 여성인지 남성인지, 어떤 일을 하고 있는지, 성격은 어떤지, 어떤 브랜드의 제품을 좋아하는지, 취미는 무엇인지 프로필을 정리해보면서 해당 인물이 내 아이템을 어떻게 볼지 생각해보세요.

어떻게 팔고, 어떻게 살까?

이제 디지털 파일이 실제로 어떻게 판매되고 구매가 이루어지는지 알아야겠죠. 먼저 판매 과정을 알아볼게요.

디지털 파일 판매 과정

첫 번째로 지금까지 저와 함께 고민한 내용을 가지고 아이템을 리서치합니다. 내가 판매할 아이템을 기준으로 많이 찾아볼수록 아이디어는 풍성해집니다.

두 번째, 여러분이 사용하는 프로그램으로 디자인이나 드로잉 작업을 합니다. 디자인할 때 사용하는 다양한 툴은 뒤에서 더 자세하게 소개하겠습니다. 완성한 작업을 저장하거나 스캔해서 디지털 파일 형식으로 변환합니다.

세 번째, 완성한 디지털 파일을 숍에 업로드하세요. 제품 사진과 설명까지 마무리했다면 일단 판매 준비는 완료입니다. 일반 쇼핑몰과 비교했을 때 재고 및 배송 관리 등의 단계가 없어서 매우 심플한 구조입니다.

네 번째, 고객 상담과 마케팅이 추가될 수 있습니다. 고객이 하는 질문은 대부분 비슷합니다. '이 색으로 바꿀 수 있나요?' '다른 사이즈도 있나요?' 정도의 질문은 번역기를 이용해서 충분히 답변할 수 있습니다.

디지털 파일 구매 과정

이번에는 구매 과정의 예를 들어볼게요. 포틀랜드에 사는 에밀리는 다음 주 아들 생일에 파티를 열 계획입니다. 아들과 아들 친구들이 좋아하는 공룡을 테마로 집을 꾸미고 싶은데 그런 소품을 어디서 파는지도 모르겠고 쇼핑센터를 헤매며 사 올 시간도 없다면?

에밀리는 생각합니다. '마음에 드는 이미지를 인터넷에서 찾은 다음에 집에서 프린트해서 만들어보자!' 검색창에 공룡dinosaur, 생일 birthday, 인쇄용printable 등의 키워드를 차례로 치고 아이디어를 얻어봅니다. 마침 생각한 이미지와 딱 맞는 파일이 엣시에 있네요. '이걸로 테이블을 장식해볼까?' 마음에 드는 제품을 고른 뒤 해당 제품을 만든 판매자의 숍에 들어가봅니다. 역시나 같은 테마의 제품들이 주르륵 뜹니다. 신이 나서 공룡을 테마로 한 포스터, 카드, 스티커 등을 장바구니에 담습니다. 결제한 다음, 내 계정에 들어가 다운로드download files 버튼을 클릭해서 내려받습니다. 프린트하는 방식은 크게 세 가지인데요.

1) 집에서 출력 2) 근처 프린트숍 방문 3) 온라인 인쇄 주문 후 출력물 배송 받기입니다.

인쇄한 디지털 파일들을 파티 장식으로 활용하면 그럴듯한 분위기가 연출되겠죠? '크리스마스 파티는 어떤 테마로 해볼까?' 벌써부터 다음 계획을 짜고 있는 에밀리, 이런 사람들이 바로 여러분의 구매자가 될 거랍니다.

이제 디지털 파일 판매가 실제로 어떻게 이루어지며 구매자들은 디지털 파일을 어떻게 사용하는지 그림이 그려졌으리라 믿습니다.

경쟁자에게서 힌트를 얻어라

판매하려는 아이템이 떠올랐다면 이제 객관적으로 평가해봅시다. 사람들이 많이 찾는 아이템인가요? 이미 팔고 있는 곳이 많나요? 그렇다면 해당 아이템을 판매하는 수많은 숍 가운데 왜 그곳에서 파는 아이템이 베스트셀러일까요? 그 숍에서 배울 점이 뭔가요? 내 아이템이 다른 아이템과 차별화된 점은 뭘까요? 어떤 요소로 경쟁력을 높일 수 있을까요?

사전 조사를 통해서 이런 질문에 답을 찾아야 합니다. 본격적으로 시간과 노력을 투자하기에 앞서 반드시 거쳐 가야 할 작업이에요.

먼저 실제로 팔리고 있는 아이템인지 확인해봅시다. 내가 판매하려는 아이템을 엣시 검색창에 넣어볼게요. 이 책 뒤에 정리한 영어 키워드를 조합하면 얼추 아이템 키워드를 만들어낼 수 있을 거예요.

검색해보니 얼마나 많은 제품들이 나오나요? 검색 결과 상단에 나오는 제품 개수를 살펴보면 시장의 크기를 대충 가늠할 수 있습니다. 첫 페이지 검색 결과가 내가 머릿속으로 구상한 아이템과 흡사한가요? 제품 별점과 함께 리뷰 개수를 살펴보세요. 리뷰가 꽤 쌓인 베테랑 숍들이 선택한 아이템이라면 수요가 있다는 얘기거든요. 만약 내가 생각한 아이템과는 좀 다른 제품들만 튀어나온다거나 리뷰가 별로 없는 신생 숍에서 올린 제품만 나온다면 아직 제대로 수요가 잡히지 않은 아이템일 확률이 높습니다.

이미 판매가 되고 있고 수요가 있다는 점도 확인했다면 이제 내가 선택한 아이템 중에서 어떤 테마가 가장 잘나가는지 살펴봅니다.

가장 간단한 방법으로는 검색창에 키워드 일부를 입력했을 때 아래에 뜨는 자동 완성 키워드를 확인하는 건데요. 자동 완성은 검색창에 단어를 다 입력하지 않아도 저절로 어떤 키워드들이 함께 검색되고 있는지 보여주는 검색 도움 기능입니다. 많은 사람들이 검색했거나 상품 등록 시 자주 사용된 키워드를 자동으로 보여주는 기능이죠. 그만큼 많은 사람들이 찾는 키워드들이 나온다는 뜻입니다. 수요가 많고 초보자들이 도전하기 쉬운 포스터 파일을 예로 들어 살펴볼게요.

TIP 번역된 페이지로 봐도 되지만 영어로 된 페이지를 보는 게 키워드를 익히는 데 큰 도움이 됩니다.

연관 검색어로 힌트 얻기

엣시 검색창에 'printable wall art'라는 키워드를 입력해보았습니다. 월 아트wall art는 벽에 거는 그림이라고 해서 인테리어 포스터 같은 느낌이라고 보면 됩니다. 자동 검색어를 살펴보니 'set of N' 같은 세트 상품의 인기가 뜨겁네요. 같이 걸어놓았을 때 조화로운 디자인을 세트로 판매하면 호응이 더 좋다는 걸 알 수 있습니다. 우리나라와 마찬가지로 보헤미안boho, 추상화abstract 같은 키워드가 인기입니다. 감성 카페에 걸려 있는 앙리 마티스 풍의 작품이 떠오르네요. 디지털 제품은 다운로드downloads라는 단어가 함께 검색되는 경우가 많습니다. 유명하거나 인상적인 문구quotes가 들어 있는 포스터는 대표적인 스테디셀러입니다. 홈스쿨링이 늘어남에 따라 아이kids 방을 꾸밀 포스터도 인기고요. 연말에는 크리스마스 Christmas 시즌 상품의 인기가 뜨겁습니다. 또 다른 연관 검색어인 화장실bathroom 키워드는 조금 의아하실 텐데요. 해외는 욕실이 대부분 건식으로 되어 있어서 다른 방처럼 포스터 데코를 즐겨한답니다.

이렇게 내 아이템과 관련한 다양한 키워드를 검색창에 넣으면서 아이디어를 모아보세요. 고객들의 니즈를 채워주려면 고객들이 무엇을 원하는지 먼저 알아야 합니다. 저는 주기적으로 자동 완성 검색어들을 체크하면서 트렌드를 업데이트한답니다. 특정 키워드의 검색량이 갑자기 많아졌는데 막상 해당 제품은 적은 경우가 있어요. 그렇다면 다른 셀러보다 한발 앞서 적극적으로 틈새시장을 공략하는 겁니다. 검색 결과가 몇 개 뜨지 않는 상황에서 내 제품 10개를 빠르게 업로드한다면? 쏟아지는 클릭을 경험할 수 있어요.

내 경쟁 숍은 얼마나 벌까?

구매자들의 반응이 뜨거운 경쟁 숍을 주의 깊게 살펴보면 피가 되고 살이 되는 많은 정보를 얻을 수 있습니다. 'abstract'라고 검색하면 나오는 수많은 숍 가운데 리뷰가 많은 리틀 밸리 스튜디오라는 숍을 살펴보겠습니다.

이 곳에서는 같은 테마의 비슷한 작품을 3개씩 묶어서 세트로 판매하고 있는 점에 주목해봤어요. 가격은 11달러고요. 디지털 파일이지만 집에 장식했을 때 어떤 느낌인지 보여주는 목업 사진을 게시해 구매자들이 완성품을 머릿속으로 그려볼 수 있습니다.

구매자에게 어떤 정보를 주어야 하는지 제품 정보도 상세하게 읽어보세요. 어떤 사이즈로 판매하는지, 이 아이템을 판매하기 위해서 무슨 정보를 제공해야 할지도 참고할 수 있습니다. 별 다섯 개짜리 리뷰가 많이 올라와 있는데요. 리뷰를 체크해보면 구매자들이 어떤 부분에 만족하는지, 어떤 점이 보완되길 원하는지도 파악할 수 있습니다.

소개 페이지about에 있는 사진을 통해서 이 숍을 운영하는 주인장은 주로 수채화로 작업한 다음 작품을 스캔한 파일을 올린다는 것을 알 수 있습니다. 작업 과정을 찍은 사진이 있다면 이렇게 숍 소개 페이지에 올리는 것도 좋겠죠.

카테고리를 분석해보니 애초에 세트 상품을 기획한 뒤 단품으로 재판매하고자 했던 판매자의 의도를 엿볼 수 있었어요. 이렇게 단품과 세트의 연결고리를 미리 기획해놓는 것도 영리한 방법이네요.

제가 유료로 구독해서 사용하고 있는 분석 툴 이랭크ERANK로 이 숍의 판매 현황을 살펴봤습니다. 3년 반 동안 등록한 항목은 총 267개, 세트 판매에 해당하는 42개를 빼면 225개 정도를 디자인했다고 보면 되겠네요. 평균적으로 5.6일에 하나씩 올린 정도의 분량이죠. 그렇다면 이 숍의 판매자가 버는 패시브 인컴은 얼마일까요?

리틀 밸리 스튜디오의 하루 평균 판매량은 10개 정도이고 상품 중 가장 저렴한 5.25달러를 기준으로 계산해도 일주일에 약 43만 원입니다. 실판매순으로 정렬해볼 때 10달러가 넘는 제품들도 많이 팔린 것으로 미루어 일주일에 최소 50만 원 이상의 수익이 났다고 볼 수 있습니다. 한 달에 200만 원 넘는 수익이 발생하는 숍인 거죠. 한 군데만 자세히 들여다봐도 이처럼 꽤 많은 정보를 얻을 수 있답니다.

예시 숍 둘러보기
LittleValleyStudio

대중적이지 않아도 괜찮아

다이어리 꾸미기용 스티커를 기획한다고 가정해봅시다. 'printable sticker'를 검색해볼게요. 연관 검색어에 고양이cat가 뜹니다. 사람들이 많이 검색하는 아이템이란 얘기겠죠. 검색 결과가 1558개로 아주 많지는 않은 편입니다. 틈새시장이라고 볼 수 있겠네요. 경쟁자들의 리스팅을 유심히 살펴보세요. '내가 이 부분에서는 고양이를 더 사랑스럽게 표현할 수 있겠다.' '내가 이런 색상 조합을 쓰면 다른 숍보다 더 예쁘게 꾸밀 수 있을 것 같다' 하며 내 아이템을 어떻게 돋보이게 할지 고민해보세요.

내가 추구하는 스타일이 대중적이지 않다고 생각하나요? 리서치를 하면 할수록 자기만의 스타일이 강한 작품도 충분히 잘 팔린다는 걸 확인할 수 있습니다. 사진 파일을 주력으로 판매하는 한 숍을 예로 들어볼게요.

상품을 다 합해도 겨우 36개입니다. 이 숍에서는 디지털 파일을 판매하지 않고 사진을 프린트해서 실물 제품을 배송해주는데요. 이런 숍에서도 아이디어를 얻을 수 있습니다. 36개 항목으로 1139회의 판매를 올린 숍이니까요. 다른 카테고리도 없고 오직 해변 사진뿐인데 그런데도 찾는 사람들이 있다는 말이죠. 서핑을 좋아하는 사람들이나 바다가 없는 나라에 사는 사람들이 찾을 수도 있고 여름이 되면 더 수요가 많아질지도 모릅니다. 이처럼 트렌디한 걸 따라가지 않고도 자기만의 뚜렷한 스타일을 가지고 운영하는 숍들도 많습니다. 자신이 갖고 있는 강점을 자신 있게 활용하세요.

TIP 요즘 어떤 상품이 팔리고 있을까?

엣시 숍 페이지에 들어가 보면 대부분 판매자가 설정한 커스텀(Custom) 옵션으로 상품이 정렬되어 있는데요. 이를 최근(Most Recent) 옵션으로 바꾸면 가장 최근에 등록한 제품이나 최근에 팔린 제품을 순서대로 볼 수 있습니다. 아이템 정렬 옵션을 바꿔보면서 경쟁 숍에서는 요즘 어떤 제품이 팔리고 있는지, 어떤 제품을 새로 추가했는지 파악해보세요.

예시 숍 둘러보기
ClaudiaChloePhoto

내 아이템 경쟁력 강화하기

다른 셀러들이 운영하는 숍을 살펴보면서 꾸준히 팔리고 있는 아이템이란 걸 확인했다면 이번에는 차별화할 방법을 고민할 차례입니다. 나에게는 어떤 게 빠져 있는지, 부족한 부분이 있다면 어떻게 채울지 비교해보세요. 보완할 가치가 있는지 생각하며 유리한 위치를 찾아야 합니다. 체크해야 할 요소는 다음과 같습니다.

눈에 들어오는가?

디자인 스타일, 컬러, 톤앤매너 같은 시각적인 요소로 차별화하는 방법이 있습니다. 내가 뛰어들고 싶은 카테고리에 모노톤의 심플한 디자인밖에 없다면 자기 스타일대로 파스텔톤이나 귀여운 필기체 등의 요소를 더해 디자인할 수도 있고, 파일의 느낌을 잘 반영하는 액자 목업 사진을 사용해 같은 파일도 완전히 다른 분위기로 연출하는 방법도 있습니다.

사용하기 편리한가?

구매자에게 더 편리한 파일 형식은 무엇일지, 내 디자인과 더 어울리는 형식은 무엇일지 알아보고 고민해보세요. 형식마다 장단점을 파악해서 내 아이템에 접목해야 합니다. 형식을 들여다보면 새로운 발상이 떠오릅니다. 예를 들어 이미 엑셀 파일로 팔고 있는 가계부 템플릿이 있다면 간단한 PDF 버전을 추가로 만들어서 판매할 수 있습니다. 가로세로 방향을 바꾸거나 크기를 바꿔서 또 다른 버전으로 판매할 수도 있겠죠.

누가 사용할까?

같은 아이템을 다른 고객층에게 판다고 생각해보세요. 학생을 대상으로 했던 아이템을 주부 대상으로 변형한다면 어필할 만한 디자인부터 카테고리, 주요 키워드 등 방향성을 모두 바꿔야 합니다. 아이들이 하는 색칠 공부와 어른들을 위한 컬러링북을 비교해서 생각해보면 쉽게 이해가 갈 겁니다.

어느 비즈니스든 좋은 아이템을 개발하려면 리서치는 필수입니다. 갑자기 뿅 하고 아이디어가 나타나면 좋으련만 그런 일은 흔하지 않더라고요. 많이 보고, 이모저모 꾸준히 연구하는 만큼 아이디어는 확장됩니다. 그러다 보면 '앞으로 내 숍에서 이런 아이템도 함께 팔면 좋겠다' 하는 제품 라인 기획이 자연스럽게 이루어집니다. 단, 특정 셀러의 숍만 깊이 파고든다면 자칫 너무 비슷한 아이템이 되어버릴지도 모릅니다. 비슷하게 따라 할 아이템을 찾는 과정이 아니라 구매자 관점에서 비교해보면서 그들에게 필요한 것을 찾아내는 과정임을 명심하세요.

초반에 방향을 잡을 때까지는 이 단계에서 시간이 꽤 들 거예요. 하지만 아이템이 조금씩 팔리면서 내 숍 안에서도 참고할 만한 통계 자료가 생길 겁니다. 그 자료들을 이용하면 나중에는 리서치 시간이 한결 줄어들 테니 너무 걱정 마세요!

핵심 소스! 이것만 있으면
나도 디자인 할 수 있다

그동안 정말 많이 받은 질문들이 있습니다. "저는 그림을 잘 그리지 못하는데 할 수 있을까요?" "저는 디자인을 해본 적이 없는데요." 이런 걱정을 가장 많이들 하시더라고요. 그래서 이번에는 디자인에 자신이 없는 사람들에게도 자신감을 주는 핵심 소스를 소개하려 합니다.

이번 장에서 소개하는 내용으로 초보자들이 걱정을 모두 날려버리길 바랍니다. 저도 포토샵만 조금 할 줄 아는 비전공자라서 아무래도 소스에 많이 의존하는 편이에요. 디자인부터 리스팅까지 전체 과정에서 실제로 제가 하는 작업이 40% 내외이고 소스들이 채워주는 부분이 60%가 넘을 정도입니다.

물론 직접 수채화로 그림도 그리고, 스캔하고, 제품 사진과 목업 사진도 찍고 다 할 수도 있겠지만, 그럴 경우 파일 하나를 올리는 데 너무 많은 시간이 듭니다.

여기서 소개하는 소스를 적절히 이용한다면 자신 없는 작업, 시간이 너무 많이 드는 작업을 과감하게 생략할 수 있습니다. 저 같은 경우에는 컴퓨터로 하는 작업은 빠른 편이지만 손으로 하는 드로잉, 캘리그래피, 사진 촬영은 시간이 많이 걸리고 결과물도 만족스럽지 않더라고요. 그래서 이런 작업물을 구매하는 데 과감히 투자하기로 결정했죠. 판매에 도움이 되는, 내 아이템을 돋보이게 하는 '돈 아깝지 않은 소스'를 찾아서 구매하고 있답니다.

저는 주로 포스터 제품을 판매하기 때문에 폰트, 클립아트, 목업 사진 들을 구매하는데요. 제가 사는 소스들이 바로 여러분이 판매하려는 디지털 파일일 수도 있습니다. 저 같은 셀러가 바로 여러분의 고객이 된다는 얘기입니다.

폰트

저는 손글씨에 자신이 없어요. 영문체라면 더더욱 그렇고요. 멋진 문구를 넣어 디자인을 하고 싶은데, 폰트를 만난 후로 고민이 사라졌습니다. 둘러보니 폰트는 저처럼 글씨를 못 쓰는 사람만 사용하는 것이 아니었어요. 자기 특유의 글씨체를 더 빠르고 폭넓게 활용하기 위해 직접 폰트를 만들어 사용하는 디자이너들이 있더라고요. 실제 캘리그래피를 하다가 생기는 실수를 줄일 수도 있고요. 캘리그래피

금손들이 직접 만든 글씨체를 1~2만 원에 내 것으로 만들 수 있습니다. 한글 폰트 구매 사이트도 있지만, 영문 위주의 작업이라면 해외 플랫폼의 영문 전용 폰트를 추천합니다. 영문 폰트의 종류는 크게 다음과 같습니다.

- **필기체**calligraphy, hand-written, script：저는 주로 이런 멋들어진 손글씨체를 구매해 컴퓨터에 있는 기본 영문체와 섞어서 디자인하는 편입니다. 영문 필기체의 경우 나는 예쁘게 연결했다고 생각했는데, 원어민들은 어색하게 느끼는 경우가 있는 것 같더라고요. 외국인이 쓴 한글 같은 느낌이라고 해야 할까요. 그래서 다른 스타일보다 필기체 폰트 구매를 적극 추천합니다.
- **세리프체**Serif：바탕체와 궁서체를 생각하면 됩니다. 획의 끝 부분이 휘어져서 더 정교하고 부드러운 느낌을 주는 폰트입니다.
- **산세리프체**Sans-serif：돋움체, 고딕체와 같은 폰트를 말합니다. 세리프체와 반대로 끝 부분이 휘지 않고 획이 일자로 뻗어서 깔끔한 느낌을 주는 폰트예요.

이런 폰트들은 어디서 구매할까요? 한글 폰트는 영문을 기준으로 디자인한 폰트가 아닌 데다가 상업용 라이선스는 고가에 판매하기에 추천하지 않습니다. 해외 플랫폼에서 트렌디한 영문 폰트를 저렴하게 구매하여 작업하는 편이 좋습니다. 무료 폰트를 찾아볼 수도 있지만 상업용으로도 사용이 가능한지 꼭 확인해야 합니다.

- **크리에이티브 마켓**

제가 폰트를 주로 구매하는 곳으로 실력 있는 폰트 디자이너들이 모여 있는 플랫폼입니다. 라이선스 구분이 명료하게 되어 있어서 한 번 구매하면 안심하고 사용할 수 있고요. 필요한 스타일의 폰트를 쉽게 찾아볼 수 있도록 종류별로 정리도 잘 되어 있답니다.

TIP 'font bundle'이라고 검색해보세요. 100개 가까운 폰트를 약 2만 원 선에 판매하는 세트 상품도 볼 수 있습니다. 폰트를 낱개로 사는 것보다 훨씬 저렴한 가격에 살 수 있으니 구매 전 반드시 해당 디자이너의 숍에 방문해 혹시 묶음으로 파는 좋은 딜이 있는지 확인해보세요!

- **엣시**

엣시에서 판매하는 폰트는 라이선스 범위가 셀러에 따라 다릅니다. 반드시 상품 정보를 상세하게 확인하고 구매하세요.

- **마이폰트MyFonts, 크리에이티브 패브리카Creative Fabrica**

멤버십 제도를 운영하는 플랫폼입니다. 매달 결제하는 멤버십 프로그램을 통해 무제한으로 폰트를 다운받을 수 있는 것이 특징이죠. 두 곳을 비교해보고 본인에게 맞는 플랫폼을 선택하세요.

클립아트

클립아트는 문서 작업이나 디자인을 할 때 편리하게 이용할 수 있도록 제공되는 그림 파일의 일종입니다. 많은 능력자들이 무료로

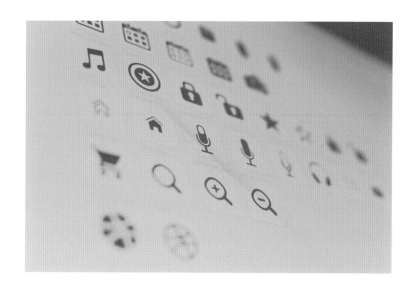

공개해주시는 덕분에 원하는 주제, 장소, 상황에 딱 맞는 클립아트를 얼마든지 찾을 수 있어요. 직접 만든 것이 아니라 망설여질 수 있지만, 라이선스를 잘 확인한 후 편안한 마음으로 사용하면 됩니다.

클립아트를 검색할 때 유용한 키워드는 아래와 같습니다.

- watercolor: 수채화
- floral, flowers: 꽃
- greenery, leaves: 식물
- nursery, kids: 어린이
- frame, divider, ornaments: 장식
- glitter: 반짝이는 것

'blue floral clipart'처럼 필요한 키워드와 색상을 나타내는 단어를 자유롭게 조합해서 검색하면 원하는 것에 더 가까운 결과를 얻을 수 있습니다. 단어 연결이 다소 어색해도 상관없습니다.

• 크리에이티브 마켓

전문적인 느낌의 상품이 가장 많은 곳입니다. 패키지 구매에 특히 적합한데요. 패키지 하나에 여러 종류의 클립아트가 들어 있고 가격은 보통 10~30달러입니다. 먼저 낱개로 구매해서 디자인에 적용하며 사용해본 다음 나와 잘 맞는 스타일의 상품을 번들로 구매하는 것을 추천합니다.

• 엣시

다양한 클립아트를 저렴한 가격에 살 수 있습니다. 클립아트 PNG 파일 하나로도 디자인을 완성할 수 있다면 굳이 여러 가지 포맷과 종류를 모아놓은 세트를 살 필요는 없겠죠. 클립아트 한 개는 1.3달러 정도에 저렴하게 구매할 수 있습니다.

• 크리에이티브 패브리카

몇 가지 종류의 정기 이용권으로 그래픽, 그림, 사진 등의 이미지 파일을 무제한으로 다운로드할 수 있습니다.

목업 사진

드라이플라워와 예쁜 소품이 가득한 책상 위에 놓인 생일 카드, 이런 감성 가득한 사진 촬영을 셀러가 직접 하는 걸까요? 아니면 전문 사진작가에게 의뢰하는 것일까요? 대부분은 '목업'이라는 치트 키를 사용합니다. 목업 사진 위에 간단하게 파일 이미지를 얹기만 하면 제품 사진이 완성되거든요. 카메라로 직접 제품 사진을 찍을 수도 있지만, 디지털 파일을 만들 때마다 실제 적용된 모습을 출력해서 세팅하고 또 촬영하는 과정은 꽤 번거롭습니다. 저처럼 디지털 파일 제품을 파는 셀러들은 자기가 판매하는 파일의 사용 모습을 가상으로 보여주는 목업 사진을 많이 찾을 수밖에 없는데요. 작년부터 그런 셀러들의 니즈를 겨냥한 목업 사진 판매 전문 숍이 부쩍 늘어났습니다. 그때그때 무료 목업 사진을 찾아 쓸 수도 있지만 숍의 통일성을 위해 충분히 고민하고 자신이 판매하는 파일의 스타일과 잘 맞는 사진으로 구매하세요.

액자 프레임은 포스터 디지털 파일을 판매하는 셀러들이 특히 자주 구매하는 목업 사진입니다. 대부분 세로 방향portrait & vertical 프레임이라서 가로 방향landscape & horizontal을 원한다면 해당 키워드를 넣어 검색해야 합니다. 이렇게 필요한 사이즈, 방향, 스타일을 고려해서 목업 사진을 고를 수 있죠.

사진의 분위기가 고객들이 구매를 결정하는 데 무척, 매우, 몹시 큰 영향을 주는 것은 당연한데요. 단, 내 상품의 느낌을 제대로 살려줄 사진을 골라야 합니다. 사진의 분위기가 내 디자인과 따로 논다면 좋은 효과를 주지 못하니까요.

"이런 것도 다 파는 걸 사서 쓴 거였단 말이에요??" 약간의 배신감을 담은 목소리로 말하는 사람들이 적지 않습니다. 도대체 다른 셀러들은 어떻게 저렇게 빨리 작업하지? 저런 건 어디서 사는 걸까? 저런 공간은 어디에 있나? 하고 생각했으니 말이죠. 비밀을 알고 나니 마음이 좀 가벼워지지 않나요?

매번 소스를 산다면 부담이 될 수 있지만 필요한 데는 지혜롭게 투자하면서 작업한다면 스트레스를 한결 줄여 더욱 효율적으로 일할 수 있습니다.

• 참고: 크리에이티브 마켓의 라이선스 정책

라이선스의 종류는 크게 세 가지로 나뉘며 개인용personal을 구매한다면 상업적 용도로는 사용할 수 없습니다. 상업용 라이선스commercial는 해당 디지털 파일을 적용한 제품을 5000개까지 판매하는 것을 허용하는데 여기에는 당연히 디지털 파일도 포함됩니다. 즉 상업용 라이선스로 구매한 소스를 사용한 디지털 파일이 5000회 이상 판매되었다면 상업용 라이선스를 재구매하거나 확장 상업용 라이선스를 구매해야 합니다. 확장 상업용 라이선스extended commercial는 25만 회 판매까지 커버하는 라이선스입니다. 시장 사례를 살펴볼 때 개인용과 확장 상업용 라이선스의 가격은 대략 다섯 배 가까이 차이가 납니다.

폰트 라이선스는 데스크톱용, 웹폰트용, 전자 출판용, 앱용으로 나뉩니다. 디지털 파일을 만들고 판매하는 데 필요한 라이선스는 데스크톱용 라이선스입니다. 데스크톱 라이선스는 무제한으로 상업용이나 개인용으로 사용할 수 있습니다.

● **엣시**

엣시 셀러들의 마음을 빠르게 캐치한 신상 소스들이 쏟아져 나옵니다. 다른 플랫폼에서는 찾기 어려운, 낱개로 파는 저렴한 파일이 많다는 것이 장점이에요. 세트가 부담스러운 사람들에게는 좋은 옵션이죠. 다만 엣시에서 판매하는 소스는 라이선스 범위가 셀러에 따라 다르기 때문에 반드시 상품 정보를 상세하게 확인하고 구매하는 것을 잊지 마세요.

● **크리에이티브 마켓 | 헝그리제이페그 | 디자인컷**Design Cuts

소스 판매 전용 플랫폼이라고 생각하면 됩니다. 디자이너들이 사용하는 소스를 판매하는 셀러들이 모인 곳이에요. 이런 플랫폼을 통해서 유료 구매를 한다면 저작권 걱정은 잊으셔도 됩니다. 특별히 묶음으로 파격 세일가에 판매하는 번들을 주목하세요. 95개의 폰트가 2만 원 정도에 판매되고 있습니다. 맘에 드는 디자이너를 찾았다면 번들이 있는지 꼭 확인해보세요. 번들을 구매한다면 소스를 찾느라고 여기저기 돌아다니는 시간을 줄일 수 있습니다.

● **크리에이티브 패브리카**

멤버십 제도를 운영하는 플랫폼입니다. 매달 결제하는 멤버십 프로그램을 통해서 무제한으로 그래픽이나 폰트를 다운받을 수 있는 것이 특징이죠. 멤버십 종료 후에는 폰트와 그래픽을 상업적으로 사용할 수 없다는 점에 유의하세요.

● **마이폰트**

폰트 판매 전용 플랫폼이라 다른 곳에서는 팔지 않는 유니크한 폰트가 많습니다. 마음에 드는 폰트를 찾아 온 플랫폼을 뒤지다가 포기할 때쯤 이곳에서 찾는 경우가 많았어요.

● **픽사베이**Pixabay

상업용으로 사용 가능한 무료 이미지들이 가득한 곳입니다. 저작권 걱정 없는 무료 목업 사진도 픽사베이에서 찾을 수 있어요.

● **아이콘몬스터**Iconmonstr

상업용으로 사용 가능한 아이콘을 다운받을 수 있습니다. 소셜미디어 계정이나 제품에 활용할 수 있어요.

얼마를 벌 수 있을까?
가격 책정의 꿀팁

　도대체 디지털 파일은 얼마에 팔아야 하는 걸까요? 처음에는 아예 감이 오지 않는 게 당연합니다. 우리나라에서는 아직 활발하게 보편화된 시장이 아니니까요. 해외보다 판매하는 파일 종류도 다양하지 않아서 실제로 디지털 파일을 구매했다는 이야기를 들어보지 못했을 수도 있습니다.

　핸드메이드 제품은 가격을 결정하는 공식이 많이 나와 있지만 디지털 제품은 좀 다릅니다. 제품을 만드는 데 드는 시간을 제외하고 실제로 들어가는 제작 비용이 적기 때문인데요. 그럼 가격을 어떻게 정해야 하는 걸까요?

만드는 데 드는 시간은 얼마나 될까요

시간당 돈을 받는 개념은 아니지만 이 제품을 세상에 내놓기까지 총 얼마나 되는 시간이 투자되었는지 계산해보면 도움이 됩니다. 내가 쓴 시간 또한 중요한 가치이기 때문이죠. 내가 일한 시간에 비해 터무니없이 낮은 가격이라면 판매하기에 적합한 파일인지 다시 한 번 생각해봐야 합니다. 물론 확실한 수요가 있어 판매가 지속적으로 이루어진다면 시간당 가치를 결국 뛰어넘겠지만요.

지출을 떠올려봅시다

내가 사용하는 프로그램이나 소스의 가격은 얼마나 될까요? 이번 달의 경비는 얼마였는지도 확인해봐야 합니다. 생각보다 너무 많은 소비가 있었다면 다음 달까지는 좀 참아보는 연습도 필요하거든요. 초반에는 소스 구매에 꽤 지출이 생길 거예요. 파일 판매 수익보다 소스를 사는 데 드는 비용이 크다고 느껴질 수도 있습니다. 따끈따끈한 신상 소스 또는 프리미엄 퀄리티의 소스를 구매한 셀러들은 경쟁자가 나타나기 전까지 좀 더 높은 가격으로 판매하기도 합니다.

지출을 상쇄하기 위해 가격을 올리는 것도 좋지만 저는 소스를 질릴 만큼 알차게 사용하는 것도 무척 중요하다고 생각합니다. 10달러를 내고 구매한 소스로 4달러짜리 파일 10개를 만든다면 본

전을 뽑고도 남는 결과가 따라오거든요.

경쟁자의 가격을 살펴봅니다

같은 종류의 디지털 파일이 포함된 카테고리를 몇 페이지 넘기다 보면 이 상품이 보통 얼마에 팔리는지 금방 감을 잡을 수 있습니다.

다른 셀러들이 정해놓은 가격을 참고하는 건 기준점을 찾기에 좋은 방법이지만, 시장가격만 고려해서 내 제품의 판매가를 결정할 필요는 없습니다. 프리미엄 제품은 프리미엄 가격에 팔리고 있으니까요. 내 아이템의 퀄리티가 높다면 굳이 가격을 낮추면서 경쟁할 필요는 없겠죠. 저렴한 가격을 선호하는 타깃은 만족할 수도 있지만 '싼 건 싼값을 한다'라고 생각하는 사람들은 오히려 저렴한 가격을 보고 가치가 낮거나 품질이 별로인 상품이라고 생각할지도 모릅니다. 가격은 내 파일의 가치를 고려해서 결정해야 합니다.

가치를 생각해볼까요

자신이 생각하는 아이템의 가치와 고객이 느끼는 가치의 차이가 크지 않아야겠죠. 디지털 파일이 아니라 실제로 프린트한 완제품을 판다면 얼마에 판매할지 생각해보세요. 고객들은 보통 실물 제품보다 디지털 파일이 더 저렴해야 한다고 생각합니다. 실물을 집 앞으로 배송받아 직접 손으로 만지는 게 아니라서 그럴지도 모르겠습니다. 하지만 파일을 구매함으로써 구매자가 시간이나 노력을 얼마나 줄일 수 있는지 생각해본다면 오히려 편리함이 장점이 되어 파일의 가치도 충분히 높아진다고 볼 수도 있겠죠.

내가 공들여 만든 작품을 5000원 정도에 판다는 게 처음에는 속상하고 자존심이 상할지도 모릅니다. '내 작품을 갤러리에 판다면 훨씬 더 높은 값을 받을 수 있을 텐데' 하고 충분히 생각할 수 있지만, 우리가 왜 실물 제품이 아닌 디지털 파일을 판매하려고 하는지 다시 한번 생각해보세요.

- 출력·포장·배송 vs. 간단한 시스템
- 내 갤러리를 찾아오는 사람들 vs. 전 세계 사람들
- 많은 홍보가 필요 vs. 플랫폼에 이미 많은 고객이 있음
- 한번 팔리면 다시 제작해야 함 vs. 자동으로 재판매

네이버 스마트스토어에서 포스터를 판매한다고 가정해봅시다. A3 사이즈 나뭇잎 프린트 액자를 검색해보니 프린트해서 액자에 넣어 배송까지 해주는 데 2만 5000원 정도네요. 순이익은 이익률을 높게 잡아서 70%라고 해도 1만 8000원에 그칩니다.

엣시에서 비슷한 디자인의 포스터를 찾아보니 가격이 6.59달러입니다. 베스트셀러 배지를 단 것은 적어도 25개 이상 팔렸다는 의

미고 그럼 6.59×25=164달러로 18만 원 정도를 벌었다는 말이죠.
네이버 스토어에서 포스터를 판매하면 출력, 포장, 배송, 재고 관리
를 모두 하고도 장당 1만 8000원이 남지만 엣시에 디지털 파일로
업로드한다면 장기적으로 봤을 때 18만 원이 넘는 수익이 발생한다
는 이야기입니다. 디지털 파일이 투자하는 시간 대비 높은 수익률을
가져다주는 건 확실합니다.

이번엔 다른 관점으로 가격을 비교해볼게요.

• 고가로 한 달에 10개 판매 vs. 저가로 한 달에 30개 판매

둘 다 동일한 수익을 얻을 수 있다면 어떤 전략이 여러분의 타깃
고객에게 잘 맞을지 생각해보세요. 좋은 파일이 틈새시장을 제대로

공략한다면 높은 가격을 책정해도 30명이 제품을 사는 경우가 생깁니다. 단돈 2달러에 프리셋 파일을 판매하는 곳을 본 적이 있어요. '너무 낮은 가격으로 파는 것 아닌가? 하루에 몇 개나 팔려야 수익이 나는 거지?'라고 저도 모르게 얕보았습니다. 하지만 한 달 동안 팔린 개수를 확인하고 입을 다물 수가 없었어요. 그제서야 낮은 가격대 또한 아이템에 따른 전략이라는 점을 이해했습니다.

TIP 세일가도 고려하세요.
세일을 적용했을 때 가격이 너무 낮은 건 아닌지 계산해보세요. 세일을 얼마나 자주할지, 할인율을 얼마로 할지에 따라서 가격 차이가 크게 나기도 합니다.

가격은 등록 후에도 조정할 수 있습니다. 가격을 조정하면서 테스트해보기를 두려워하지 마세요. 알맞은 가격을 잘 설정하고 파일의 가치로 구매자를 설득하기만 한다면 반드시 성공할 겁니다.

아니, 이런 무료 툴들이?

　이번 장에서는 디자인할 때 사용하는 몇 가지 중요한 툴을 소개하려고 합니다. 대개 무료로 사용 가능하거나 무료 체험판이 있어서 테스트해볼 수 있는 프로그램들입니다.

　가장 전문적이고 또 많이 쓰는 프로그램으로는 어도비 포토샵, 일러스트레이터, 인디자인이 있는데요. 포토샵이 이미지나 사진을 편집하는 기능 면에서 뛰어나다면 일러스트레이터는 창작물을 디자인할 때 더 유리한 툴입니다. 인디자인은 PDF 서식 종류를 디자인할 때 유용합니다. 정교한 디자인 작업을 하거나 다양한 효과를 사용하기에는 아직 어도비 제품만큼 전문적인 툴은 없는 듯합니다. 사용자가 가장 많은 프로그램이라 유튜브 등에서 튜토리얼도 쉽게 찾을 수 있고요. 처음 사용해보거나 기본기만 알고 있어도 쉽게 배울 수 있으니 충분히 도전해볼 만합니다.

어도비 홈페이지에서 7일 무료 체험판을 다운로드할 수 있으니 정기 결제를 시작하기 전에 먼저 사용해보세요. 정식 이용권은 포토샵이나 일러스트레이터 둘 중 하나만 선택하면 한 달에 2만 4000원이고 학생이나 교사라면 추가 할인을 받을 수 있습니다.

어도비 앱은 전문가를 위한 툴입니다. 디지털 파일을 만들 때 수많은 기능들이 꼭 다 필요하지는 않은 경우가 많죠. 간단한 디자인 편집 툴만으로도 남부럽지 않게 판매고를 올리는 셀러들도 많습니다. 포토샵을 대체할 만한 툴을 한번 살펴볼까요?

캔바Canva

캔바는 이미 천만 유저가 사용하는 유명한 무료 사이트입니다. 웹브라우저에서 바로 사용할 수 있어서 별도로 프로그램을 다운로드할 필요가 없지만 스마트폰에서는 앱을 받아서 이용할 수 있습니다. 초보자들도 다루기 쉽고 다양한 사이즈의 템플릿이 많은 것이 장점이죠. 캔바로 디자인하는 디자이너들도 점점 늘어나고 있어요. 포토샵보다 작업 속도가 빠릅니다. 판매용 디지털 파일에 가장 많이 사용되는 PNG나 JPG, PDF 형식으로 간단하게 다운로드할 수 있다는 점이 아주 매력적이죠. 캔바를 무료 버전으로 이용하면서 디자인에 활용할 수 있지만 프로 버전에서만 사용할 수 있는 기능도 있으니 확인해보세요.

프로 버전 체험판은 30일 동안 사용할 수 있고 1년 이용권은 한 달에 9.95달러로 만 원 조금 넘는 가격에 이용할 수 있습니다. 프로 버전도 포토샵보다는 저렴합니다.

픽멍키 PicMonkey

픽멍키 역시 웹브라우저에서 바로 사용하는 디자인 툴로 스마트폰 앱도 지원합니다. 캔바에서보다 더욱 디테일한 작업을 할 수 있는데요. 캔바와 달리 픽멍키에서는 포토샵처럼 레이어를 나눠서 작업할 수 있습니다. 도구 툴에는 포토샵의 스타일 기능과 유사한 텍스처 기능도 있습니다. 내가 선택한 레이어에 자동으로 효과를 입히는 기능으로, 돈 주고 사야 하는 고퀄리티 이펙트와 텍스처를 제공합니다. 그 밖에도 얼굴 보정 등 고급 기능이 있습니다.

이용권은 베이직, 프로, 팀 세 가지 옵션으로 나뉘고 7일 동안 무료 체험판을 사용할 수 있습니다.

픽슬러 Pixlr

픽슬러는 출력용 해상도가 아닌 72dpi 웹용 해상도로 설정되어 있기 때문에 판매용 디자인 작업보다는 제품 사진 디자인 작업 정도에 적합한 툴입니다. 픽슬러도 프로그램 다운로드 없이 웹브라우저에서 바로 사용하는 툴입니다. 픽슬러 XPIXLR X와 픽슬러 EPIXLR E로 나뉘는데요.

픽슬러 X는 사진 보정 앱에 있는 기능 정도만 포함하고 있어요. 우리는 디자인 작업을 할 것이므로 디자인용으로 만든 픽슬러 E를 사용해야 합니다. 참고로 픽슬러의 경우 한글은 지원하지 않습니다.

픽슬러는 온라인 포토샵이라고 부를 만큼 포토샵과 구조가 비슷합니다. 디자인 툴, 메뉴, 레이어 기능까지 모두 들어 있습니다. 다른 인터넷 툴과 달리 픽슬러에서는 파일을 여러 개 불러와서 동시에 띄워놓을 수 있다는 장점이 있어요. 게다가 무료 버전인데도 폰트 불러오기 기능이 있어요. 픽슬러 자체에 이미 예쁜 폰트들이 많은데도 말이에요. 가볍게 목업 사진 작업을 하거나 제품 사진을 만들 때 사용해보세요.

잉크스케이프Inkscape

일러스트레이터를 대체할 수 있는 프로그램입니다. 무료 프로그램이고 용량이 작아서 부담 없이 다운로드받을 수 있습니다. 사진 편집보다는 일러스트 파일을 창작하는 작업에 최적화된 툴입니다. 확대하거나 축소해도 깨지지 않는 벡터 방식의 이미지를 만들 수 있어요. 소스를 .ai나 .eps 확장자인 벡터 이미지로 받았다면 일러스트레이터나 잉크스케이프에서 열어서 수정할 수 있는데 특히 다른 프로그램에서는 지원하지 않는 SVG 형식을 지원하기 때문에 디자이너들이 많이 쓰는 툴이기도 합니다.

미리캔버스miricanvas

미리캔버스는 저작권 걱정 없는 무료 디자인 툴입니다. 초보자도 5분 만에 디자인할 수 있는 매우 편리한 툴이에요. 제품을 디자인하는 데도, 홍보용 이미지를 만들 때도 굉장히 유용합니다. 300dpi 출력용 해상도 파일을 무료로 제공하고 있어요. 실제 구현되는 색상이 걱정된다면 바로 인쇄물 제작 주문해서 인쇄물을 체크해볼 수도 있습니다.

프로크리에이트 / 클립 스튜디오

태블릿에서도 드로잉 앱으로 마음껏 디자인할 수 있습니다. 디지털 플래너에 사용하는 디지털 제품이나 웹용 이미지를 제작해서 판매할 때 특히 편리하게 사용할 수 있습니다. 출력물을 디자인할 때는 해상도가 300dpi인지 꼭 확인하세요.

정말 다양한 디자인 툴이 있죠? 아마 처음 들어보는 낯선 툴도 있을 겁니다. 하나씩 모두 체크해보고 어느 툴이 자신에게 가장 적합한지 충분히 탐색해보세요.

Chapter 3

그래서 뭘
판매할 수 있을까?

간단한 그래픽으로
이런 것도 만든다

'그래픽 작업이라니, 디자이너도 아닌데 내가 할 수 있을까.'

단호하게 말씀드리지만, 누구나 할 수 있습니다! 제가 처음 시도한 상품도 바로 간단한 그래픽 작업으로 만든 포스터였으니까요. 두꺼운 선 하나만 그어도, 동그라미나 세모 같은 기본 도형들만 배치를 잘해도, 멋진 폰트로 영어 단어 하나만 써놓아도 얼마든지 완성작이 될 수 있습니다.

그래픽 디자인 제품은 크게 두 종류로 나뉩니다. 첫 번째는 그대로 출력하기만 하면 사용 가능한 파일입니다. 완성된 그래픽 디자인 파일 자체를 올리는 것이죠. 두 번째는 소스 형식의 파일입니다. 구매자가 다운로드받아 각자 창의적인 작업을 더해서 완성하는 반제품이라 할 수 있습니다.

그럼 먼저 완성형 그래픽 디자인 파일부터 살펴보겠습니다.

포스터

제가 가장 많이 판매한, 애정 가득한 아이템이에요. 포스터 디자인에는 사실 정답이 없습니다. 누가 봐도 아름다운 디자인보다 개성 넘치고 독특한 디자인이 더 잘 팔리기도 하거든요. 그래도 그중에서 특히 잘 팔리는 종류의 포스터는 무엇인지 사용하는 장소별로 분류해서 살펴볼게요.

- **침실:** 침대 머리맡에 걸어놓는 포스터는 침대 길이에 맞춰서 세트로 구성된 경우가 많습니다. 두세 개의 포스터를 나란히 놓았을 때 포스터 속 문구가 이어지도록 디자인한 포스터가 인기가 많아요.
- **욕실:** 해외에서는 욕실에도 액자를 많이 걸어놓습니다. 욕실 포스터에는 '걱정들을 다 씻어버려라Wash your worries away.' '정확히 조준하라Pee in the bowl'와 같은 유머러스한 욕실 및 화장실 관련 문구가 자주 등장하죠. 해변 이미지도 인기가 많습니다.
- **아이 방:** 아이가 태어나기 전부터 설레는 마음으로 아이 방을 꾸미기 시작하는 건 만국 공통인 듯합니다. 여기서 포스터가 큰 부분을 차지해요. 아이 방kids room을 검색해보면 여자아이, 남자아이, 동물, 꽃, 산 같은 키워드가 바로 따라 나옵니다. 핑크색 토끼가 있는 여자아이 방 포스터, 하늘색 코끼리가 그려진 남자아이 방 포스터가 있겠죠. 요즘에는 '젠더 뉴트럴gender neutral'

단순한 디자인처럼 보여도 액자에 걸면 멋진 작품이 됩니다.

이라고 해서 성별을 특정하지 않은 민트색, 노란색, 아이보리색, 갈색 계열을 사용한 포스터도 인기가 많습니다.

• **거실:** 집에 손님을 초대했을 때 가장 먼저 보여주는 공간이 바로 거실입니다. 임팩트 있는 포스터를 잘 보이는 곳에 걸어둠으로써 자신의 집 스타일을 제대로 보여주고 싶어 하는 니즈가 있어요. 인테리어나 가구와도 잘 어울려야 하고 계속 봐도 질리지 않아야 하기 때문에 트렌디함을 좇기보다는 개개인의 개성

에 따라서 선택하는 편입니다. 그래서인지 거실용 포스터는 집 안 다른 곳에 걸어두는 포스터보다 스타일이 훨씬 다양한 편입니다. 그중에서도 수채화 스타일, 빈티지 스타일, 추상화 스타일, 미니멀리즘 스타일이 인기가 좋습니다. 선물용으로도 많이 구매하는 성경 구절 포스터 역시 국가를 막론하고 꾸준히 팔리는 스테디셀러입니다.

- **사무실:** 직장 내 사무 공간 혹은 홈오피스에 장식하기 위한 포스터입니다. 벽에 액자를 걸기 어려우면 탁상용 액자에 넣어서 전시하는 경우도 많습니다. 주로 비즈니스 관련 명언이나 단어를 타이포그래피로 디자인한 아이템이 인기입니다. 요즘은 '걸 보스girlboss'나 '보스레이디bosslady' 같은 단어들이 많이 쓰이면서 걸크러시 감성 키워드의 검색량이 급격하게 늘어나고 있습니다.

제작 사양

- **사이즈 :** (미국 스탠더드) 5×7″, 8×10″, 11×14″, 16×20″, 18×24″

    (영국·유럽) A4, A3, A2, A1

- **형식:** JPG, PDF
- **카테고리:** Art & Collectibles 〉 Prints 〉 Digital Prints

    Art & Collectibles 〉 Drawing & Illustration 〉 Digital

달력

달력 스타일은 굉장히 다양합니다. 먼저 일 년 열두 달을 한 장에 모두 보여주는 달력이 있습니다. 빈 칸만 그려놓고 날짜는 사용자가 직접 적을 수 있도록 한 기입형 달력이 있고, 매월 다른 이미지나 디자인으로 꾸민 달력도 있습니다. 처음부터 끝까지 쭉 심플하게 날짜 텍스트로만 구성된 달력도 있어요.

또한 직장용, 집 인테리어용, 어린이용 등의 용도와 사용자에 따라서도 달력 스타일을 다르게 구성할 수 있습니다.

제작 사양

• **사이즈**: 5×7″(카드 사이즈), A4(스탠더드 사이즈),

8.5×11″(레터 사이즈), 24×36″(1년을 한꺼번에 보여주는 대형 달력)

• **형식**: JPG, PDF

• **카테고리**: Paper & Party Supplies 〉Paper 〉Calendars & Planners

카드

내일이 남편 생일인데, 깜박 잊고 카드를 안 샀다면? '출력 가능한 남편 생일 축하 카드birthday card for husband printable'라고 검색하면 됩니다. 그냥 남편 생일 축하 카드라고만 검색해도 자동 완성에서 인쇄용-printable, 다운로드download, 디지털 다운로드digital download 같은 키워드가 따라 나오죠. 그만큼 디지털 파일을 많이 찾는다는 이야기랍니다.

베스트셀러들을 보면 고급 스킬을 사용했다기보단 로맨틱하거나 유머러스한 글을 적은 것들이 많이 보여요. 애석하게도 우리가 영어로 사람들을 웃기기는 쉽지 않으니 디테일이나 다른 요소로 승부를 걸어봅시다.

제작 사양

- **사이즈:** 4×6″(엽서), 5×7″(카드)
- **형식:** JPG, PDF
- **카테고리:** Paper & Party Supplies 〉 Paper 〉 Greeting Cards

이어서 소스형 그래픽 디자인 파일을 살펴보겠습니다. 디지털 파일로 만들 수 있는 소스에는 아이콘, 스티커, 텍스처, 패턴이 있습니다. 이 제품들은 다른 제품과 어우러져 또 다른 창작물을 만드는 데 이용되는 아이템이에요. 그렇기 때문에 구매자, 즉 디자이너의 관점에서 이 소스를 어떻게 사용할지 고민해야 합니다.

아이콘

아이콘은 픽토그램이나 심볼 등의 상징적인 기호로 블로그나 웹사이트, 명함, 이메일, 이력서 등에 사용하고자 하는 사람들이 주로 구매합니다. 배경색에 따라 잘 안 보이는 경우를 대비해 보통 어두운 배경용 버전과 밝은 배경용 버전 두 가지를 함께 판매합니다. 요즘은 인스타그램 하이라이트 커버 이미지용 아이콘이 잘나가는 아이템이라고 하죠.

인스타그램용 아이콘을 500개 이상 판매한 인기 숍을 소개할게요. 베스트셀러 배지를 받은 상품들이 가득합니다. 이 제품을 장바구니에 넣어둔 사람이 있다면 몇 명인지, 섬네일 하단을 보면 알 수 있는데요. 이를 통해 많은 사람들이 구매를 고려 중인 인기 아이콘 트렌드를 알 수 있어요. 그저 동그라미 같은데, 예쁜 색을 조합해 아이콘 세트를 만드니 베스트셀러에 등극한 사례도 목격했습니다. 가격은 4000원 정도로, 결코 저렴하지 않은데 말이에요. 하지만 리뷰를 보면 구매자들이 매우 만족하고 있음을 확인할 수 있죠.

예시 숍 둘러보기
IsabelaSchielke

제작 사양

- **사이즈:** (아이콘) 64px, 128px, 512px

  (인스타그램 하이라이트) 1080×1920px

- **해상도:** 72dpi(웹용), 300dpi(출력용)

- **형식:** JPG, PNG, AI, SVG 등 다양한 형식으로 판매.

- **카테고리:** Art & Collectibles 〉 Drawing & Illustration 〉 Digital

스티커

앞서 엣시에서 플래너가 큰 시장을 이루고 있다고 말씀드렸는데요. 관련 제품인 스티커도 호응이 좋습니다. 해외에서는 다이어리 꾸미기를 좋아하는 사람들의 로망인 커팅 프린터가 꽤 널리 보급된 편이에요. 커팅 프린터에 스티커 종이를 넣고 원하는 디지털 파일을 불러와서 프린터로 내보내면 파일 모양대로 잘린 스티커가 완성되거든요. 한번 다운받으면 원하는 만큼 스티커를 커팅할 수 있는 것도 구매자들에게는 매력으로 다가옵니다.

다른 디지털 제품들이 실물 제품보다 저렴하게 판매되는 것과는 달리 스티커의 경우 희소성과 퀄리티에 따라 가격이 비슷하거나 오히려 디지털 스티커 쪽이 비싼 경우가 많아요. 이 또한 디지털 스티커 상품 판매의 상당한 장점이에요.

제작 사양

- **사이즈:** 8.5×11″
- **형식:** JPG, PNG
- **카테고리:** Craft Supplies & Tools 〉 Party & Gifting 〉 Labels, Stickers & Tags 〉 Stickers

  Paper & Party Supplies 〉 Paper 〉 Stickers, Labels & Tags

패턴 & 텍스처

같은 디자인이 반복되는 패턴 디자인은 디지털 파일에 소스로 사용되거나 실제 옷이나 천에 출력하는 용도로 사용되기도 합니다. 패턴은 여러 가지 스타일이 묶음으로 판매되는 경우가 많죠.

텍스처 파일은 질감 효과를 낼 때 사용합니다. 물감, 대리석, 알루미늄 포일, 글리터, 나무, 돌, 먼지, 스크래치, 천, 홀로그래피, 종이 등등 여러가지 질감을 담은 텍스처 파일이 있는데요. 일상에서 이런 미세한 질감이 드러난 부분을 사진으로 찍으면 바로 텍스처 파일이 됩니다. 찍은 사진을 다양한 톤으로 보정해서 여러 개의 다른 상품으로 판매할 수도 있습니다. 명함이나 문구 디자이너들이 디자인 배경 이미지로 쓰기도 하고 사진 작가들은 사진 위에 이들 텍스처를 얹어서 후반 작업을 하기도 합니다. 각종 디지털 파일을 만들 때 텍스처를 소스로 스타일링할 수도 있는데요. 저는 아이패드로 그림을 그릴 때 수채화용 도화지 텍스처 파일을 불러와서 그 위에 드로잉을 해요. 그러면 좀 더 사실적인 수채화 느낌을 낼 수 있거든요.

포토샵이나 일러스트레이터에서 인위적으로 텍스처 파일을 만드는 방법도 있습니다. 노이즈나 모자이크 효과 혹은 흐리거나 진하게 만드는 필터를 사용하거나 거친 느낌의 브러시를 사용해서 독특한 질감을 만들어낼 수도 있죠.

제작 사양

- **사이즈:** 12×12″
- **해상도:** 300dpi
- **형식:** JPG
- **카테고리:** Craft Supplies & Tools 〉 Canvas & Surfaces 〉 Paper

---

스티커 숍 둘러보기
ATArtDigital   포스터 숍 둘러보기
ILovePrintable

앞에 제시한 사이즈들은 가장 많이 쓰이는 대표적인 예를 기재한 것입니다. 디지털 파일은 사용하는 목적에 따라 사이즈가 달라지며, 구매자는 당연히 여러 가지 사이즈 옵션이 포함된 파일을 선호합니다. 플랫폼에 따라 상품 하나당 업로드할 수 있는 디지털 파일의 숫자를 제한하는 경우가 있는데요, 그 이상 업로드하고 싶다면 이렇게 해보세요!

TIP 업로드 개수가 제한된 경우, 이렇게 해보세요.

1) 한 폴더에 모두 모아 압축파일(.zip)로 업로드한다.
2) 드롭박스나 아이클라우드 공유 링크를 넣은 PDF 파일을 업로드한다.
   사이즈가 다양할 경우 파일명에 사이즈를 표시해주면 편리.
   예) 5x7nursery_poster.jpg, 8x10nursery_poster.jpg

판매 가능한 플랫폼

그래픽 편

● 엣시

처음 시작하기에 가장 좋은 플랫폼이에요. 포트폴리오나 개인 웹사이트 주소를 제출하라는 조건 사항이 없기 때문에 누구나 마음먹으면 바로 숍을 오픈할 수 있다는 점이 가장 큰 장점입니다. 다른 플랫폼과 비교해 수수료도 5%로 적은 편이에요. 디지털 파일 제작과 판매에 처음 도전한다면 무조건 엣시에서 시작해서 먼저 경험해본 다음 이를 포트폴리오 삼아 차차 다른 플랫폼에 도전해보세요.

● 레드버블Redbubble, 소사이어티Society6

기성품에 셀러가 업로드한 디자인을 인쇄하고 완성된 제품을 배송하는 일까지 알아서 해주는 플랫폼입니다. 여러분들이 이 두 회사의 디자이너로 일을 한다고 생각하면 됩니다. 업로드한 디자인이 팔리면 셀러는 자기가 정해놓은 커미션을 받는데 보통 17~30% 정도입니다. 커미션을 너무 높게 잡으면 제품의 판매가가 올라가기 때문에 경쟁에서 밀릴 수밖에 없습니다. 페이팔Paypal로만 결제되기 때문에 해외 셀러에게도 정산이 간편합니다. 다른 플랫폼보다 예술적 느낌이 충만한 곳이라 자신만의 스타일이 있는 분이라면 꼭 도전해보세요. 디지털 파일을 한번 업로드하면 여러 가지 기성품에 이미지가 적용되기 때문에 한 번에 상품 목록을 여러 개 완성할 수 있다는 것도 장점이에요.

● 에센스다Snsda

우리나라 플랫폼도 있습니다. 쿠션, 벽시계, 머그잔, 포스터, 스마트폰 케이스 등 여러 가지 제품을 디자인할 수 있는 에센스다입니다. 디지털 파일을 등록하는 데 드는 비용은 따로 없으며 디자이너 셀러로 활동해서 업로드한 디자인 파일로 만든 제품이 판매가 되면 판매가의 10%에 해당하는 수수료를 받을 수 있습니다.

● 크리에이티브 마켓

한층 전문적인 디지털 파일 판매 플랫폼이라, 다른 곳보다 높은 가격대 제품들도 꽤 잘 팔립니다. 이곳을 찾는 고객들은 가격보다 퀄리티를 더 중요하게 여기는 편이라 포트폴리오라든지 개인 홈페이지나 숍 등 자기 작업물을 보여줄 만한 사이트 주소를 넣어야 숍을 오픈할 수 있다는 조건이 있어요. 플랫폼에 지불하는 수수료는 판매가의 30%로 디지털 파일이 판매되면 셀러는 판매가의 70%를 받습니다.

● 헝그리 제이페그

이곳 역시 숍을 오픈하기 위해서는 포트폴리오, 개인 홈페이지나 기존에 운영하고 있는 숍 주소를 반드시 제공해야 합니다. 크리에이티브 마켓보다는 셀러가 적어 경쟁률이 낮은 편이라 틈새시장을 노려볼 만합니다. 마찬

가지로 플랫폼에 지불하는 수수료는 판매가의 30%로, 디지털 파일이 판매되면 셀러는 판매가의 70%를 받습니다.

● **재즐**

역시 제품이 팔리면 미리 정해놓은 커미션을 받는 구조입니다. 사이트 내에 디자인 툴이 따로 있어서 전용 툴에 익숙해져야 한다는 게 단점이기도 하지만, 웨딩 관련 카테고리는 트래픽이 굉장히 높아서 판매가 활발하다는 장점이 있습니다. 디지털 파일 판매에 어느 정도 익숙해진 중급 레벨 셀러에게 추천합니다.

● **아이콘파인더**Iconfinder

일러스트레이터 프로그램으로 아이콘을 디자인한다면 도전해볼 만한 플랫폼입니다. 제품이 판매되면 판매가의 50%를 페이팔을 통해 정산받을 수 있습니다.

엑셀, 파워포인트 능력자라면

다꾸(다이어리 꾸미기)를 좋아하는 전 세계 수많은 사람들에게 플래너 및 플래너 관련 디지털 파일이 인기라는 점을 앞서 이야기했는데요. 플래너는 엣시 전체 판매량에서도 매우 큰 비중을 차지하고 있는 인기 만점 아이템입니다. 엣시에서 2019년부터 2년 연속 1위 자리를 놓치지 않은 숍이 바로 플래너 속지를 파는 숍일 정도니까요. 플래너를 사용하는 전 세계의 수많은 사람 중 의외로 종이 형태의 속지가 아닌 디지털 파일을 선호하는 이들도 많다는 사실을 짐작게 합니다.

구매자들에게는 한 번 구매하면 무제한으로 복사할 수 있다는 것, 그리고 다른 곳에서 판매하지 않는 특별한 디자인을 만날 수 있다는 것이 매력입니다. 미국의 대표적인 플래너인 에린 콘드런 플래너erin condren planner와 해피 플래너Happy planner에 맞춘 속지가 특히 인기입니다. 요가 기록, 물 마시기 기록 등 자신에게 필요한 기능성 속지들을 골라 넣는 재미가 있으니까요.

게다가 플래너에 들어가는 영어 단어는 누구나 쉽게 쓸 수 있는 쉬운 단어입니다. 우리가 사용하는 다이어리 속지 몇 가지만 살펴봐도 한글보다 영어로 쓴 문자가 많아서 어디에 어떤 키워드가 쓰이는지 쉽게 알 수 있죠.

종류를 살펴본다면 먼저 일상적으로 사용하는 데일리 플래너가 있고요. 주 단위로 구성한 위클리 플래너, 월 단위로 구성한 먼슬리 플래너 등 시간별로 나눈 플래너 파일을 만들어서 판매할 수도 있습니다. 웨딩 플래너나 여행 플래너, 소셜미디어 플래너, 다이어트 플래너, 가계부, 레시피 노트 등 다양한 테마를 주제로 한 플래너도 있어요. 운동이나 건강 기록용, 학생용이나 선생님용, 간호사용, 주부용, 비즈니스용 등 특정 그룹을 대상으로 할 수도 있고요. 플래너는 보통 아래와 같은 레이아웃으로 구성되어 있습니다.

- **체크리스트:** 해야 할 일 목록을 적어놓고 작은 네모 칸을 옆에 만들어 할 일을 완료한 다음에 체크할 수 있게끔 하는 투두 리스트나 하고 싶은 것들을 적어보는 버킷 리스트 등이 있습니다.
- **달력:** 한 달을 한눈에 볼 수 있는 먼슬리 페이지와 일주일을 한눈에 볼 수 있는 위클리 페이지 등의 스타일이 있습니다.
- **시간 계획표:** 시간별로 일정을 관리하거나 계획해야 하는 사람들이 자주 이용하는, 시계 모양 레이아웃입니다.

마음에 드는 플래너 템플릿을 출력하거나 태블릿으로 다운받아
쓰는 사람들이 많아지고 있어요.

- **타임테이블:** 학생들에게는 공부 시간표가, 직장인들에게는 업무
  계획을 도와줄 시간표가 될 수도 있습니다.
- **모눈종이나 무지:** 사용자가 더 창의적으로 사용할 수 있도록 비
  워놓은 페이지입니다.

요즘에는 아이패드용 굿노트 플래너가 뜨고 있어요. 굿노트는 태
블릿을 플래너로 사용할 수 있도록 플래너 레이아웃을 제공하는 앱

인데 이미 네이버 스마트스토어에서도 굿노트 앱에서 사용할 수 있는 디지털 파일을 판매하고 있더라고요. 아직은 종이로 만든 플래너가 훨씬 보편적이고 디지털 플래너는 모르는 사람이 더 많지만 몇 년 안에 디지털 플래너의 활용도가 높아질 것으로 예측되기 때문에 지금 시작하기 좋은 아이템이에요. 이 디지털 파일은 아이패드에 기본으로 설치된 앱인 키노트를 사용해서 디자인하는 것이 특징입니다. 2021년 디지털 플래너가 팔리는 속도를 보니 작년과는 차원이 다른 듯합니다. 코로나 집콕으로 아이패드 활용에 눈을 뜬 많은 사람들이 디지털 플래너를 쓰기 시작했다는데요. 각종 디지털 플래너들이 평균 2만 원 정도에 판매되고 있습니다. 상위권에 노출되는 디지털 플래너 숍을 확인해보니 하루에 100만 원 이상의 매출을 올리고 있더군요. 디지털 플래너를 내 마음대로 꾸밀 수 있는 디지털 플래너용 스티커 역시 새롭게 뜨는 아이템입니다.

출력용 플래너 디지털 파일을 제작할 때 유의할 사항은 다음과 같습니다.

1. **여백:** 플래너 디지털 파일을 출력해서 다이어리나 바인더에 끼우는 경우 펀치로 구멍을 뚫을 여유가 있어야겠죠. 배경 외에 잘리면 안 되는 중요한 글자나 선 등은 가장자리에서 조금 띄워 여백을 두는 것이 좋습니다. A4나 레터 사이즈(8.5×11˝) 기준 0.5인치 정도의 여백이 적당합니다.

2. **폰트:** 출력했을 때 읽기 쉬운 사이즈인지 체크해야 합니다. 너무 작거나 불필요하게 크지 않은지 출력해서 확인해보세요. 하나의 디자인에서는 폰트를 두 종류 이상 사용하지 않는 편이 깔끔하다는 점도 알아두세요.

3. **방향:** 서식은 가로세로 방향 바꾸기가 간단하지 않아요. 기존 폰트, 선, 표와 같은 요소가 방향에 따라서 더 길어져야 하거나 짧아져야 하니까요. 처음부터 가로형 템플릿과 세로형 템플릿을 따로따로 작업해서 만들 수도 있겠지만 저는 한 가지 방향의 템플릿으로 먼저 판매를 시작하는 것을 추천합니다. 추후에 잘 팔리는 아이템을 선정해 그 아이템만 다른 레이아웃으로도 디자인해서 판매를 늘릴 수 있어요.

제작 사양

• **사이즈:** A4, A5, 8.5×11″
• **형식:** JPG, PDF

플래너 숍 둘러보기
PrintableForPlanners

이력서 역시 꾸준히 판매되는 스테디셀러입니다. 면접을 볼 때 한눈에 쏙 들어오는 멋진 이력서 템플릿을 사용한다면 좋은 첫인상으로 시작할 수 있겠죠? 고급 디자인 스킬이 필요하지 않아 처음에 도전하기 좋은 파일이에요.

한 이력서 전문 숍에서 2017년부터 지금까지 업로드한 이력서는 단 15개! 하지만 그 15종의 이력서로 무려 9000번 이상의 판매를 기록했습니다. 그야말로 똘똘한 패시브 인컴이죠. 판매하고 있는 이력서 디지털 파일의 판매가는 종류에 따라 다양한데 제일 낮은 가격인 11달러로만 판매했다고 가정해도 8만 300달러, 우리 돈으로 약 9500만 원에 달합니다. 유료 마케팅 분석 툴 이랭크로 살펴봤을 때 하루 평균 8개 정도 팔리는 것으로 보이며 마지막 등록은 2018년 4월이었습니다. 3년이 다 되어가도록 지금까지 상품을 단 하나도 추가하지 않았지만 하루 10만 원이라는 패시브 인컴이 발생하고 있다는 말이죠. 이력서 템플릿의 위력이 느껴지나요?

이력서 템플릿은 구매자가 파일을 열어 직접 자신의 이름을 입력하고 경력을 채워서 수정한 다음 사용합니다. 즉 사용자가 이력서의 내용을 수정할 때 사용하는 프로그램을 기반으로 한 디지털 파일을 만들어야 한다는 말이죠. 무슨 프로그램을 쓰냐고요? 바로 마이크로소프트워드와 구글독스입니다. 요즘은 편리한 구글독스를 기반으로 한 형식이 점점 많아지고 있습니다.

이력서 숍 둘러보기
TheResumeCoach

제작 사양

- **형식:** DOC(MS워드, 구글독스)

- **사이즈:** A4, 8.5×11″(레터 사이즈)

- **방향:** 세로

이력서를 디자인할 때는 다음과 같은 요소들이 필요합니다.

1. **사진:** 필수는 아닙니다. 예시로 넣는다면 저작권 문제가 없는 사진을 사용해야 합니다.

2. **아이콘:** 이력서에 쓰이는 아이콘은 전화, 이메일, 주소, 개인 웹 사이트, 소셜 미디어 계정 정도로 그 이상의 다른 그래픽 소스는 들어가지 않습니다. 직접 아이콘을 디자인해도 되고 소스를 찾아서 사용해도 됩니다.

3. **텍스트:** 글자가 들어갈 자리를 보여주려면 영어로 빈칸을 채워야 하는데 뭘 어떻게 써야 할지 막막하셨나요? 로렘 입숨Lorem Ipsum으로 채우면 됩니다. 로렘 입숨, 줄여서 립숨은 아무 의미 없는 더미 텍스트를 말하는데요. 실제 글이 채워졌을 때 레이아웃이 어떻게 보이는지 검토하기 위해 채워 넣는 문자입니다. www.lipsum.com에 들어가서 'Generate Lorem Ipsum' 버튼만 클릭하면 끝! 화면에 출력되는 의미 없는 텍스트를 복사

해서 서식에 붙여넣으세요.

4. **선·박스·표:** 그 밖에 파트를 구분 짓는 선, 박스, 표를 넣어서 디자인하고, 원하는 색을 넣어도 됩니다. 이런 간단한 서식에서는 선의 길이나 색을 바꿔주는 것만으로도 많은 차이가 느껴집니다.

5. **폰트:** 기본 폰트만 가지고 흑백으로 심플하게 디자인할 수도 있고, 필기체와 색을 사용해서 화려하고 생동감 있게 디자인할 수도 있습니다. 판매용 서식에는 상업용 폰트를 사용할 수 없으므로 컴퓨터에 설치된 기본 폰트를 사용하거나 누구나 개인용으로 사용 가능한 무료 폰트를 사용해야 하며 이때는 구매자에게 서식에 사용한 무료 폰트의 다운로드 링크를 함께 제공합니다. 이력서를 열기 전에 먼저 폰트를 다운로드하라고 안내해야 합니다.

지금까지 서식 관련 디지털 제품 중에서 가장 잘 팔리는 플래너와 이력서를 살펴봤습니다. 그 밖에 파워포인트, 구글슬라이드, 키노트, 엑셀 서식도 활발하게 판매되는 서식 파일입니다. 특히나 우리나라에는 파워포인트 능력자들이 정말 많은 것 같은데요. 해외에서는 어떤 파워포인트나 키노트 서식을 주로 찾는지 엣시 검색어 자동 완성 기능으로 리서치해보세요. 틈새시장이 있는지, 내가 가지고 있는 스킬을 어느 아이템으로 부각할 수 있을지 유심히 살펴보세요.

저도 파워포인트 템플릿을 구매한 적이 있어요. 아이콘과 텍스트 박스, 차트 들이 들어가 있어서 사용하기가 몹시 편리하더라고요. 파워포인트의 텍스트 상자도 로렘 입숨으로 채워 넣으면 되겠죠. 파워포인트 서식 전문으로 활동하고 싶다면 숨고나 크몽에서 제작 주문을 받아 판매할 수도 있습니다. 그러다 보면 쌓이는 파워포인트 템플릿 아이디어들을 모아두었다가 또 하나의 새로운 템플릿을 제작하는 데 이용할 수도 있겠죠.

사업 관련 지출 내역을 정리하는 비즈니스용 가계부 엑셀 파일을 구매한 적도 있습니다. 해당 셀에 정보만 넣으면 자동으로 차트가 그려지고 월 지출이 카테고리별로 분류되는 게 정말 신기하더라고요. 알고 보면 단순한 공식을 사용한 템플릿일지 모르지만 저 같은 엑셀 초보자에게는 충분히 돈을 내고 구매할 만한 아이템이랍니다.

학습지 숍도 참고하세요!
ConfettiCrateKids

평소 느낌 있게
사진을 잘 찍는다면

전문 포토그래퍼인가요? 전문가는 아니더라도 취미로 사진 찍기를 좋아하나요? SNS에만 올리기 아까웠던 카페, 여행, 아기 사진들, 어디 다른 데 쓸 수는 없을까 생각해본 적 있다고요? 그런 분들을 위해 이번 장에서는 사진으로 부수입을 얻는 방법을 소개하겠습니다. 바로 스톡Stock 사진 판매입니다.

스톡 사진은 사진 작가가 상업적인 목적으로 찍은 사진입니다. 로열티 프리royalty-free 이미지라고도 부르는데 한번 구매하면 명시한 범위 안에서 반복해서 사용할 수 있는 권한을 얻게 된다는 뜻입니다. 주로 그래픽 디자이너가 개인 또는 기업, 비즈니스 관련 작업에 이용하기 위해 구매하는데요. 광고, 홍보, 인터넷 기사에 사용되는 사진 대부분이 스톡 사진이라고 보면 됩니다. 요즘은 저작권에 대한 인식이 높아지면서 개인 블로그에 올리는 사진들도 스톡 시장에서 구매한 이미지인 경우가 많죠.

스톡 사진은 판매자가 받는 커미션이 높지 않아서 초반에 기운 빠지는 경우가 많지만 외장하드에 잠들어 있는 사진들을 여러 사이트에 중복해서 저장한다고 생각하고 꾸준하게 많은 양의 사진을 봉인 해제한다면 장기적으로 패시브 인컴을 얻을 수 있습니다. 그렇다면 어떤 사진들이 수요가 많을까요? 종류별로 살펴보겠습니다.

- **인물:** 가족, 아기, 특정 인물 등을 담은 사진이 있습니다. 얼굴이 드러나는 사진이기 때문에 모델 저작권 계약서를 따로 첨부해야 합니다. 양식은 각 사이트에서 제공합니다.
- **생활:** 일상이나 평범한 하루를 담은 사진 혹은 휴가나 여행을 즐기는 특별한 날의 모습을 담은 사진 다들 찍으시죠? 이런 라이프 스타일을 담은 사진을 공유할 수 있습니다. 요즘에는 재택 근무나 카페 근무 등 자유롭게 일하는 환경을 묘사한 사진도 인기가 많습니다.
- **자연:** 자연은 늘 인기가 많은 카테고리입니다. 제 모니터 바탕화면만 해도 별이 가득한 밤하늘 사진이니까요. 특히 우리나라는 사계절이 뚜렷해 다양한 풍경 사진을 찍을 수 있으니 큰 강점 아닐까요?
- **건물:** 도시, 복잡한 도로, 카페 인테리어, 높은 빌딩 등 건물 관련 사진들도 인기가 많습니다.
- **음식:** 흰 배경에 빨간 사과 하나만 올려놓은 사진부터 예쁘게

플레이팅한 음식 사진, 커피에서 김이 모락모락 올라오는 사진까지 다양한 스타일링이 있습니다.

- **기계**: 요즘은 컴퓨터, 태블릿, 스마트폰, 키보드 등 기계 관련 사진들을 인터넷 기사에서도 많이 볼 수 있는데요. 그만큼 자주 쓰이는 종류의 사진입니다.

- **이벤트**: 밸런타인데이, 크리스마스, 특별한 날을 위한 사진들도 인기가 많습니다. 시즌별로 특별한 날이나 이벤트에 초점을 맞춰서 사진을 판매해보세요. 기업에서 제작하는 이벤트 광고나 홍보 메일 등에 쓰이는 사진들이 바로 스톡 이미지입니다.

- **동물**: 펫코노미라는 신조어까지 등장할 정도로 반려동물 관련 산업이 폭발적으로 성장하고 있는 만큼 관련 스톡 이미지에 대한 수요도 빠르게 늘어나고 있답니다. 반려동물을 키운다면 재미있게 촬영해봐도 좋겠지요.

- **과학**: 일상에서 쉽게 찍을 수 있는 분야가 아닌 만큼 출판 혹은 보도용으로 구매하고자 하는 수요가 많습니다. 신문이나 잡지 같은 매체에서 사용할 만한 퀄리티 높은 사진들이어야겠지요.

- **비즈니스**: 사업, 경제, 금융, 주식, 사무실, 회의 등의 테마를 담은 사진도 수요가 많습니다. 주로 사업체 등에서 자사 상품을 홍보하기 위해 혹은 기업 콘텐츠를 만들기 위해 많이 찾습니다.

- **종교**: 다른 나라의 종교와 문화를 담은 사진을 찍기 위해 비행기를 타고 날아갈 필요가 없습니다. 전 세계 사진 작가들이 활동하는 스톡 사진 사이트에서는 수없이 다양한 종교와 문화 관

련 사진들을 찾을 수 있으니까요.

더 구체적으로 아이디어를 얻는 방법이 있습니다. 스톡 사진 판매 사이트 간 카테고리를 서로 비교하며 살펴보는 방법인데요. 카테고리별 베스트셀러 사진들을 하나하나 보면서 구매자가 어떤 테마, 색, 구조를 선호하는지 연구해보세요. 스톡 사진이 최종적으로는 어떻게 사용될지 구매자 관점에서 생각해봐야 합니다. 스톡 사진 사이트에서는 의외로 통일성은 중요치 않습니다. 작가의 숍을 찾아서 들어가는 것이 아니라 뚜렷한 목표를 가지고 검색을 하는 사람들이 주요 고객이기 때문에 서로 다른 주제와 느낌의 사진들을 모두 한데 올려도 상관없습니다. 여러 의미를 담으려고 한 사진보다 뚜렷한 하나의 정체성, 목적이 있는 사진이 판매로 쉽게 이어집니다.

간혹 이미지와 관련이 없어 보이는 단어, 잘 쓰지 않는 단어가 관련 키워드로 잡히는 경우가 있는데요. 영어를 우리말로 옮기면서 알맞지 않은 단어로 번역한 경우입니다. 마찬가지로 우리말이 전혀 다른 뜻의 영어 단어로 번역되는 경우도 있으므로 키워드와 제목은 영어로 쓰기를 추천합니다.

어렵게 생각하지 마시고 사진을 설명하는 단어를 입력하세요. 자동 입력 키워드는 업로드 전에 반드시 확인하고 입력 가능한 키워드 개수만큼 가득 채워 가능한 한 많은 키워드를 설정하세요.

제작 사양(셔터스톡 기준이며 사이트마다 다를 수 있음)

- **사이즈:** 4MP 이상

  (메가픽셀MP은 100만 화소를 의미한다. 2000×2400px은 4.8MP)

  파일은 소형(small, 웹용), 중형(medium, 작은 사이즈 인쇄용), 대형(large,

  원본 크기)의 세 가지 크기로 판매

- **해상도:** 300dpi

- **형식:** JPG(권장)

- **색상 프로필:** sRGB

- **최대 파일 크기:** 50MB

TIP 스톡 사진 업로드 시 주의 사항

다음에 해당하는 사진을 업로드할 경우 수정 요청을 받거나 승인 거부를 당할 수 있으니 주의해야 한다.
- 폭력적인 장면을 담은 이미지 혹은 선정적이거나 노출을 포함한 이미지
- 로고, 상표, 상품명을 포함하는 사진 혹은 간판이 들어간 사진
- 옷에 영문이 아닌 글자가 씌어 있다면 내용을 번역한 영문을 추가해야 함
- 사진이나 일러스트, 미술 작품을 포함한 사진
- 지적 재산권에 따라 보호받는 대상이나 장소를 포함하는 사진
- 개인 정보를 포함한 문서, 컴퓨터 모니터, 스마트폰 화면 등을 촬영한 사진에서는 해당 부분을 삭제해야 함
- 정부, 군사 시설, 국가 권력 상징과 속성 등을 포함하는 사진
- 모델 동의서 없는 인물의 스튜디오 촬영 사진(반드시 모델이 서명한 동의서를 첨부해야 함)
- 사진 촬영을 금지한 행사, 운동 경기, 콘서트 사진
- 초점이 맞지 않거나 노이즈가 심한 사진 등 품질 기준에 맞지 않는 사진
- 상품성이 없는 콘텐츠(어떠한 카테고리에도 포함되지 않아 실수요가 없다고 보이는 사진)

요즘은 기업이나 단체뿐만 아니라 개인들도 자기 자신을 브랜딩하는 시대인 것 같습니다. 인플루언서들이 인스타그램에서 제품을 판매하고, 블로그로 마케팅을 하니까요. 일련의 브랜딩에서 보여지는 '이미지'가 그만큼 중요해졌죠. 사실 저는 사진을 잘 못 찍습니다. 아무리 애를 써서 찍어봐도 조명도 애매하고, 구도도 잘 안 잡히고, 도무지 느낌이 안 살아서 마케팅이나 홍보용으로는 쓰질 못하겠더라고요.

비즈니스용 계정이라 하더라도 피드를 전부 제품 사진으로만 채우면 너무 홍보용 계정처럼 보일 우려가 있지요. 그래서 저는 제가 판매하는 여성스러운 제품과 어울리는 브랜딩용 스톡 사진 세트를 엣시에서 구매했어요. 피드에서 일관성 있는 분위기가 느껴질 때 더 전문적으로 보이기 때문에 사진 12장이 포함된 세트를 구매해 숍에서 판매하는 제품 사진과 섞어서 사용했습니다. 판매가는 27.5달러인데 세일할 때 2만 원 정도에 구매했어요. 예쁜 꽃을 찾고 세팅을 해서 촬영하는 그 모든 과정을 생략하고 2만 원에 한 달 치 인스타그램 게시용 사진을 구매한 셈이라 이득을 본 기분이었습니다. 인스타그램용으로 쓰기 좋은 정사각형 비율이라 수정할 필요조차 없이 바로 업로드할 수 있어서 편리했어요.

SNS를 들여다볼 때마다 드는 생각, 다들 어쩜 감성 폭발하는 사진을 그리도 잘 찍으시는지! "인스타그램 피드, 느낌 있다"라는 소리를 자주 듣는 편이라면 한번 도전해보세요. 저처럼 사진이 필요하지만 못 찍는 사람들이 생각보다 많고 실제로 감성 브랜딩 사진이 활발하게 판매되고 있습니다.

이처럼 엣시 숍에서 스톡 사진을 판매한다면 조금 다른 전략을 세워야 합니다.

통일성이 중요, 단골을 잡아라

스톡 사진 사이트와 달리 엣시 숍에서 사진을 판매할 때는 일관성과 통일성이 중요합니다. 거대한 스톡 사진 사이트에 저장된 한 장의 사진과 판매자가 직접 디자인하고 설정한 엣시 숍에 저장된 사진에는 분명 차이가 있습니다. 구매자의 관점에서 볼까요?

지난번에 구매한 사진의 조명이나 색감이 맘에 쏙 들어서 재방문한 구매자가 있다고 해봅시다. 핑크빛 무드의 사진들이 있었던 걸로 기억하고 숍을 찾았는데 새로 올라온 사진들이 어둡고 빈티지한 톤 일색이라면? 어쩔 수 없이 구매자는 이전에 구매한 사진과 비슷한 느낌의 사진을 판매하는 다른 숍을 찾으러 떠나겠죠. 사진의 조명이나 느낌에 일관성이 없다면 사용자가 그리는 전체적인 느낌이 흔들릴 수 있거든요.

즉 엣시에서 사진 숍을 운영한다면 단골을 잡는 것이 핵심이라고 볼 수 있습니다. 사진의 느낌이 나랑 잘 맞다면 계속해서 같은 숍에서 사진을 구매할 가능성이 높기 때문이에요.

세트로 구성하라

블로그에 하나의 테마로 포스팅을 할 때 여러 가지 사진이 필요하듯이 시리즈로 쓰기 좋은 사진들을 컬렉션으로 구성하는 편이 유리합니다. 스톡 사진 사이트에서는 같은 분위기의 이미지를 여러 장 고르기가 쉽지 않아요. 저도 마음에 드는 사진을 보고 작가 프로필을 클릭했는데 같은 작가가 올린 사진이 몇천 개나 되는 바람에 내가 고른 사진과 함께 쓸 만한 사진 찾기를 포기한 기억이 있습니다. 엣시 숍에서 세트 상품을 구매하는 것이 스톡 사진 사이트에서 하나씩 검색해서 고르는 것보다 구매자 입장에선 훨씬 빠르고 편리하죠.

포스터로 활용하라

스톡 사진을 엣시에서 포스터용 디지털 파일로도 판매해보세요. 포스터 목업 사진 속 액자에 판매하고자 하는 사진만 넣으면 스톡 사진과 다른 프린터블 아트, 포스터용 디지털 파일이 뚝딱 완성되니까요.

TIP 같은 사진을 엣시 숍과 스톡 사진 사이트에 모두 등록하세요.
엣시 숍에서 개인용 사진 포스터를 사는 사람과 스톡 사이트에서 상업용 사진을 사는 사람은 완전히 다른 타깃입니다. 사진 판매에서는 판로를 여러 개 확보하는 것이 패시브 인컴으로 가는 지름길이라는 사실. 명심하세요.

엣시는 스톡 사진 사이트에 비해 판매자가 받는 커미션 비율이
훨씬 높습니다. 판매자가 가격을 정하기 때문에 원한다면 더 높은
가격을 책정할 수도 있고요. 물론 스톡 사진 사이트에 사진을 올릴
때보다 엣시 숍에 사진을 등록할 때는 사진 톤의 일관성 유지, 상세
한 설명 등 신경 써야 할 부분이 많죠. 둘 중 어느 쪽이 본인 스타일
에 더 맞는지 잘 생각해보세요.

사진 판매 숍 둘러보기
CoastalStylePrints

★ 판매 가능한 플랫폼

스톡 사진 사이트에서는 사진을 대량으로 수집해서 이용자에게 일정한 요금을 받고 상업용 라이선스를 제공합니다. 먼저 사진 판매자로 가입한 후 웹사이트나 앱에서 사진을 업로드하면 심사를 거쳐 승인된 사진 파일들만 판매 리스트에 등록됩니다. 다운로드 건별로 판매된 라이선스 및 요금제, 판매자의 수익 단계, 사이트에 따라서 커미션은 달라집니다.

아래 소개하는 사이트들은 중복 업로드를 허용하는 곳들입니다. 동일한 사진을 아래 모든 사이트에 중복으로 올릴 수 있으며, 게다가 모두 한글을 지원하므로 작업하기도 수월합니다.

● **셔터스톡**

– 최다 이용자 보유

– 전용 앱으로 편리하게 업로드

– 사진 설명 키워드 자동 제안

셔터스톡은 수많은 이용자를 보유하고 있는 사이트입니다. 셔터스톡에 등록한 작가들의 총수익이 무려 10억 달러가 넘었다고 하니 규모를 짐작할 만합니다. 저작권 보호와 관리를 잘해 사진 작가들이 매우 선호하는 플랫폼이며 전용 앱을 통해서 간단하게 업로드할 수 있다는 장점이 있습니다. 사진을 등록할 때 관련 키워드를 자동으로 제안해주는 점도 편리합니다.

많은 이미지 라이선스를 판매할수록 높은 커미션을 받는 수익 레벨 제도를 운영합니다. 매달 수요가 가장 많은 스톡 사진을 알려주는 '촬영 요청 리스트'를 체크하세요. 이용자들이 어떤 종류의 스톡 사진을 가장 많이 요청하는지, 매달 미리 업데이트해주기 때문에 다음 달에는 어떤 사진들이 많이 팔릴지 예상하고 대비할 수 있습니다. '지난달 보기'를 클릭하면 이전 자료들을 확인할 수 있고요. 이런 자료들을 바탕으로 촬영 아이디어를 얻으면 잘 팔리는 사진을 찍는 눈을 갖게 될 거예요!

● **어도비스톡**Adobe stock
　　- 어도비 앱에서 구매 전 미리보기 가능
　　- 어도비 앱으로 편리하게 업로드
　　- 자동 키워드 제안
　　- 커미션 33%

이용자가 수백만 명에 달하는 대규모 스톡 사진 사이트입니다. 가장 특별한 점은 어도비 앱에서 간편하게 사용할 수 있다는 점인데요. 스톡 사진 구매자 상당수가 그래픽 디자이너이기 때문에 대부분 어도비 앱을 사용할 텐데, 포토샵이나 인디자인에서 '구매 전 미리보기'로 사진을 불러와 디자인하고 있는 페이지에 얹어본다는 건 디자이너에게는 정말 유용한 기능이겠죠. 업로드 또한 어도비 앱을 이용하면 아주 간편합니다. 판매자가 받는 커미션은 판매가의 33%입니다.

- 123rf

  – 가입 시 판매용 사진 파일 업로드 필수

  – 신분증 확인 필요

  – 커미션 30~60%

123rf는 처음 가입 신청할 때 판매하고자 하는 사진을 함께 업로드해야 합니다. 플랫폼 운영자들이 사진을 검토한 후 셀러 가입을 승인하면 그다음에는 신분증 확인 절차가 이어집니다. 판매자가 받는 커미션은 초기에는 판매가의 30%로 시작해서 누적 판매량에 따라 최대 60%까지 올라갑니다.

- 크라우드픽

  – 국내 사이트

  – 커미션 장당 500원

  – 공모전 운영

  – 스마트폰 사진 업로드 가능

크라우드픽은 국내 개발 스톡 사진 사이트입니다. 국내 이용자를 대상으로 하기 때문에 제목이나 키워드를 한글로 쓸 수 있다는 점이 편리합니다. 판매자가 받는 커미션도 판매 장당 500원으로 수익률이 높은 편이고요. 공모전도 운영하니 도전해보세요. 스마트폰 사진도 업로드할 수 있어 평소 찍어둔 감성 사진들을 손쉽게 판매할 수 있습니다!

그 외 스톡 사이트로는 픽스타, 유토이미지 등이 있으며, 스톡 사이트 외
아래 플랫폼에서도 사진 판매가 가능해요.

● 엣시

엣시에는 특히 브랜딩에 활용할 수 있는 사진과 소셜미디어에 업로드할 만
한 사진이 많습니다. 자유롭게 가격을 설정할 수도 있고, 타깃 설정을 잘한
다면 다른 스톡 사진 사이트에서 판매할 때보다 훨씬 높은 수익을 기대해
볼 만합니다. 사진 검토 및 승인 과정 없이 바로 업로드가 가능해 승인 대
기에 걸리는 시간도 절약할 수 있어요. 낱장으로도, 세트로도 판매할 수 있
다는 것도 장점입니다.

● 크리에이티브 마켓

스톡 사진 사이트는 아니지만 친절하게도 사진 카테고리를 만들어놓아서
판매하기 편리합니다. 엣시와 마찬가지로 판매자가 판매가를 정할 수 있다
는 장점이 있는데 보통 4달러에서 12달러 사이로 평균 판매가가 높은 편입
니다. 승인 절차는 따로 없습니다.

● 레드버블, 소사이어티6

그래픽 디자인을 업로드하듯 제품에 어울리는 사진을 쉽게 등록할 수 있습
니다. 내 사진이 다양한 아이템에 사용되는 것을 보는 즐거움이 있어요.

크리에이터가 고객이 된다

요즘 인스타그램 인플루언서들 사이에서는 없어서는 안 될 필수 아이템으로 통하는 것이 있습니다. 바로 프리셋presets인데요. 어도비 사진 편집 전문 앱 라이트룸에서 사용하는 필터를 말합니다. 우리나라보다 외국에서 더 유명하고 많이 쓰이는 보정 앱인데 최근에는 한국에서도 인기가 높아지고 있죠.

어떤 사람들이 프리셋을 구매할까요? 원래는 주로 사진 작가들이 구매해서 사진을 보정하는 데 사용했지만 이제는 블로거나 인스타그램 인플루언서들이 많이 구매합니다. 자기 채널의 톤앤매너에 세심하게 신경을 쓰는 그들이기에 어찌 보면 당연한 수요입니다. 사진이 너무 맘에 드는데 내 피드와 색감이 다르다면 프리셋을 구매해서 색상과 조명 톤, 명암을 비슷하게 맞추는 겁니다. 프로그램 사용에 능하다면 직접 만들면 되지만 그렇지 않다면 사서라도

프리셋을 이용하면 서로 다른 느낌의 이미지를 원하는 톤으로 한 번에 보정할 수 있어요.

쓰고 싶은 기능이죠. 그래서인지 차츰차츰 알려지고 있는 분야기도 해요.

　한마디로 사진을 찍어서 인터넷에 올리는 걸 즐기는 사람이라면 누구나 프리셋 고객이 될 수 있습니다. 전문가들이 주로 사용하던 툴인 만큼 라이트룸 프리셋을 모르는 사람들도 많습니다. 마음에 들지 않아서 구매하지 않은 게 아니라 존재를 알지 못해서 구매하지 못한, 잠재 이용자가 엄청나다고 볼 수 있죠. 일반 보정 앱보다 훨씬 더 디테일한 효과들이 들어 있어서 프리셋을 쓰기 시작하면 다른 보정 앱이 시시해질 정도예요. 스마트폰 사진을 보정했을 뿐인데 전문 사진 작가가 찍어준 듯한 느낌을 낼 수 있으니까요. 사진을 찍는 사람 중에 특별히 라이트룸을 쓰고 있거나 라이트룸을 배울 열정이 있는 사람이라면 시작해보길 추천합니다.

저의 '단골' 프리셋 숍은 이곳!
LouMarksPhoto

저 또한 프리셋을 구매해서 제 인스타그램 계정에 업로드하는 홍보용 사진에 사용하고 있어요. 제가 이용하는 숍은 3개를 사면 1개를 덤으로 주는데요. 이 숍에 등록된 상품이 193개인데 누적 판매량은 26만 회가 넘습니다. 여기서 분석을 해보지 않을 수 없겠죠.

놀랍게도 분석해본 숍 중에서 가장 판매량이 높은 숍이네요! 일주일에 무려 3312개가 판매되었습니다. 엣시 글로벌 숍 랭킹 26위, 미국 숍 랭킹 16위라고 합니다. 이 정도일 줄은 사실 예상치 못했어요. 전 세계에서 26위라니! 다른 엣시 셀러들도 프리셋이 이렇게 큰 시장이라고는 상상도 하지 못할 듯합니다.

약 4년 동안 판매했는데 하루 평균 주문 수가 약 186회입니다. 등록된 프리셋 중 가장 저렴한 3.94달러짜리를 기준으로 하더라도 하루 평균 매출이 732달러였다는 말이죠. 4년 누적 판매액으로는 적게 잡아도 106만 달러, 거의 13억 원에 이릅니다. 모두 디지털 파일이므로 엣시 광고비나 수수료를 제외하고는 모두 순수익일 텐데요. 정말 웬만한 사람들의 주요 수입을 훨씬 뛰어넘는 패시브 인컴이네요.

프리셋 카테고리는 모바일용 프리셋, 데스크톱용 프리셋, 인테리어용 프리셋 등으로 나눕니다. 모바일용 프리셋이 가장 많은 비중을 차지해요. 그만큼 주력 상품이란 뜻이겠죠.

1. **모바일용 프리셋**: 스마트폰으로 사진을 간편하게 보정하는 경우가 많은 요즘은 모바일용 프리셋이 단연 인기입니다.

제작 사양

- **업로드:** PDF (간단한 튜토리얼 및 드롭박스 링크 포함)
- **다운로드:** PDF 파일 내 링크를 클릭, 드롭박스 등에서 파일 내보낸 후 저장된 이미지를 라이트룸 앱에서 열기. 사진을 눌러 설정값을 저장하면 완료
- **파일 형식:** DNG
- **카테고리:** Craft Supplies & Tools 〉 Imaging & Lighting 〉 Cameras & Imaging 〉 Presets & Photo Filters

2. **데스크톱용 프리셋:** 모바일용과 같은 효과를 주는 프리셋을 확장자만 다르게 해서 데스크톱용 프리셋으로 판매할 수 있습니다. 데스크톱용 프리셋은 사이즈와 용량이 큰 원본 사진 파일로 작업하는 작가들이 선호하는 프리셋이에요. 웨딩사진이나 가족사진 등 전문가용 카메라로 촬영한 고해상도 사진들을 데스크톱용 프리셋을 사용해서 어도비 라이트룸으로 보정하는 거죠. 데스크톱용 프리셋은 포토샵에서도 사용할 수 있습니다.

제작 사양

- **업로드:** ZIP(프리셋 파일을 압축)
- **다운로드:** 압축 풀기한 다음 ACR 형식의 프리셋을 아래 경로에 넣기
  - **Mac:** Mac/library/application Support/Adobe/Camera Raw/ Settings

- **Windows:** Win/Application Date/Adobe/Camera Raw/Settings

　• **파일 형식:** ACR

　• **카테고리:** 모바일용과 동일

---

3. **인테리어용 프리셋:** 홈 데코, 인테리어를 주제로 활동하는 인플루언서나 사진이 매우 중요한 부동산 중개업자에게 판매할 수 있는 프리셋입니다. 시장에 나와 있는 상품 수에 비해 판매로 이어지는 경우가 많은 아이템입니다. 수요는 많지만 다른 분야보다 경쟁이 심하지 않다고 볼 수 있겠습니다. 틈새시장을 찾고 있다면 유심히 살펴보세요.

프리셋 제품 설명에는 적용하기 전과 후를 비교한 샘플 사진이 필수로 들어가야 하는데요. 전후의 차이를 분명하게 보여주는 사진을 잘 고르는 것도 굉장히 중요합니다.

실제로 보면 이런 느낌, 목업

목업은 실제 제품과 똑같은 모형을 의미합니다. 제품 디자인을 평가하거나 실제로 제대로 작동하는지 시험해보기 위해 제작하는데요. 특히나 목업 사진은 디지털 파일 상품에 생명력을 불어넣는 도구라 할 수 있습니다. 구매자가 디지털 파일을 실제로 어떻게 이용할 수 있는지 미리 보여줄 수 있으니까요.

저도 목업 사진을 판매하고 있습니다. 사진을 잘 찍지 못한다고 했는데 어떻게 가능하냐고요? 사실 제가 아니라 남편이 찍은 사진들이랍니다. 저와 달리 남편은 사진 찍는 센스가 있거든요. 제가 목업 사진을 구매해서 작업하는 걸 보더니 "나도 비슷하게 찍을 수 있지 않을까?"라고 하더라고요. 마침 괜찮은 디지털 카메라도 가지고 있겠다, 말 나온 김에 드라이플라워, 액자, 초, 빈티지 소품 들을 사와서 바로 테스트해봤죠. 사 온 소품들을 여기 놓았다가 저기 놓았

빈 공간에 내 디자인을 얹기만 하면 끝!

다가 고민해보면서 세팅하고 찍어보니 꽤 그럴듯하더라고요. 이제
는 제 판매 리스트에서 작게나마 한자리를 차지하게 되었고요. 남편
이 사진을 찍고 제가 프리셋으로 보정한 다음 파일을 등록해서 판
매하고 있습니다. 바빠서 자주 찍지는 못하지만 예상한 것보다 훨씬
많이 판매되고 있어요. 그럼 인기 있는 목업 사진에는 어떤 종류가
있는지 지금부터 알아보겠습니다.

1. **티셔츠 목업 사진:** 목업 사진 가운데 가장 잘 팔리는 종류는 바
   로 티셔츠 목업 사진입니다. 왜 티셔츠지? 의아하시겠죠. 요즘

미국에서는 SVG 파일과 커팅 기계를 개인들도 널리 사용하면서 집에서 손쉽게 프린트한 티셔츠를 인터넷에서 판매하는 스몰 비즈니스가 인기입니다. SVG 디자인 파일을 커팅 기계로 전송해 전사지에 출력한 뒤 티셔츠에 다림질해서 붙이는 방법과 실크 스크린 인쇄기를 사용해서 찍어내는 방법이 있는데요. 아무 무늬 없는 기본 디자인의 티셔츠를 촬영해 목업 사진으로 판매하는 겁니다. 티셔츠 판매자는 자기 디자인을 사진 속 빈 티셔츠 위에 올려놓기만 해도 판매할 티셔츠 제품 사진을 간단하게 완성할 수 있겠죠.

2. **액자 목업 사진:** 제가 가장 많이 구매한 목업 사진은 무엇일까요? 바로 액자 목업 사진입니다. 디지털 포스터를 판매하는 셀러가 많은 만큼 특히 찾는 사람이 많은 아이템이죠. 프레임은 어떤 스타일인지, 벽은 무슨 색인지, 사이즈는 얼마인지에 따라 스타일이 아주 다양하답니다.

3. **카드 목업 사진:** 각종 축하 카드, 청첩장, 초대장 디지털 제품에 사용되는 카드 목업 사진입니다. 특히 결혼 청첩장용으로 쓰이는 목업 사진 검색량이 가장 많습니다. 주로 바닥에 놓고 스타일링한 사진이 많이 보이네요. 일반 카드 사이즈는 5×7″, 엽서는 4×6″입니다.

4. **머그컵 목업 사진:** 해외에서는 머그컵이 생일, 어버이날, 은퇴 선물, 졸업 선물 등 선물용으로 굉장히 활발하게 판매됩니다. 티셔츠처럼 실크스크린 기법으로 집에서 제작하는 엣시 셀러들도 많죠. 셀러들이 재미있는 문구나 디자인을 넣을 수 있게끔 흰색 머그컵을 예쁘게 찍은 목업 사진을 판매해보세요.

5. **토트백 목업 사진:** 다음은 우리나라에서도 인기가 많은 에코백입니다. 미국에서는 에코백이라는 단어를 쓰지 않아 검색할 때 토트백tote이라고 입력해야 합니다. 가장 기본적인 흰색 토트백이나 검정색 토트백 목업 사진을 판매해보세요.

6. **쿠션 또는 베개 목업 사진:** 정사각형의 흰색 쿠션도 이미지를 프린트해서 판매하는 제품으로 인기예요. 쿠션 커버만 전문적으로 판매하는 숍들도 굉장히 많습니다. 실제 쿠션에 프린트했을 때 어떤 모습인지 보여주려면 쿠션 목업 사진이 반드시 필요하겠죠. 집 인테리어나 가구와 함께 잘 어우러지는 모습을 보여주는 목업 사진이 가장 예쁜 것 같아요.

목업 사진은 크게 사람이 사용하는 모습을 보여주는 사진과 제품만 보여주는 사진으로 나눌 수 있습니다.

첫 번째, 사람이 사용하는 장면을 담은 목업 사진은 제품을 손으로 들고 있거나 실제 옷을 착용하는 모습 등 생활 속에서 제품이 실제로 어떻게 사용되는지를 보여주는 데 초점을 맞추고 있습니다. 좀 더 친근하고 개인적인 느낌이 들죠.

두 번째, 제품만 보여주는 목업 사진은 주로 어울리는 다른 소품을 이용해서 스타일링한 이미지입니다. 제품을 돋보이게 하는 배경과 바닥을 이용하고, 제품과 함께 사용할 수 있는 소품을 매치하기도 해요. 깔끔하고 전문적인 느낌이 강하지요.

목업 사진 스타일링 팁을 하나 소개하겠습니다. 바닥에 스타일링해놓고 위에서 아래로 찍는 사진을 플랫레이flat lay라고 하는데요. 플랫레이로 촬영할 때는 배경으로 색상지, 천, 나무 바닥, 대리석 테이블을 주로 사용합니다. 이 키워드를 사용해서 플랫레이 현수막, 플랫레이 보드지, 플랫레이 소품, 플랫레이 배경을 검색해보세요. 우리말로는 촬영용 배경지라고 합니다. 촬영용 배경지를 검색하면 다양하고 저렴한 배경지를 찾을 수 있습니다. 콘셉트 색지, 포토 배경이라고도 하니 참고하세요. 다양한 컬러는 물론 나무와 대리석, 벽돌 등 텍스처도 다양합니다. 게다가 앞뒷면을 다르게 구성해서 판매하고 있으니 경제적이고, 방수 처리도 되어 있어서 음식을 놓고 작업하기에도 편리합니다. 제가 판매하는 목업 사진의 배경이 되는 바닥도 실제 나무 바닥을 찾아서 찍은 사진이 아니라 나뭇결이 프린트된 종이를 바닥에 깔고 촬영한 거예요. 진짜 나무 바닥 위에서 촬영한 것처럼 보인답니다. 이런 팁은 알고 나면 별거 아니지만 모를 때는 어떤 키워드로 검색하는지, 어디서 판매하는지조차 찾기 어렵습니다. 이런 노하우들이 실제 촬영할 때 많은 시간을 절약해줄 테니 유용하게 활용해보세요.

제작 사양

- **PSD:** 세밀한 조정이 필요할 때 주로 사용하는 형식입니다. 구매자는 포토샵에서 파일을 연 후 스마트 오브젝트 레이어를 더블 클릭, 그 안에 내 이미지를 넣고 저장하는 식으로 사용합니다. 비워진 부분에는 자동으로 내 이미지가 들어갑니다.

- **JPG:** 제품 이미지를 목업 사진 위에 비율과 사이즈만 조정해 얹어도 문제가 없는 간단한 종류라면 JPG로 제작해 올려도 무방합니다.

- **해상도:** 300dpi

- **사이즈:** 가로 3000px 이상으로 작업한다면 이용자들이 자기 사진에 맞춰 쓰기 무난합니다. 엣시 셀러들은 섬네일에 잘 맞는 가로형 이미지를 선호한다는 점 기억하세요.

목업 숍 둘러보기
HALFTOUNE

★ 판매 가능한 플랫폼

● 프리셋

아직 프리셋을 전문적으로 판매하는 플랫폼은 따로 없습니다. 프리셋을 판매하는 개인 쇼핑몰은 광고에서 자주 보이지만요. 마침 크리에이티브 마켓과 헝그리 제이페그에 최근 새롭게 '라이트룸 프리셋' 카테고리가 추가되었는데요. 새로 들어온 핫한 아이템이니 지금이 도전하기에 아주 좋은 타이밍입니다.

● 목업 사진

앞서 소개한 모든 스톡 사진 사이트와 목업 사진을 찾는 사람이 많은 엣시, 크리에이티브 마켓에서도 판매할 수 있습니다. 크리에이티브 마켓에서는 '사진' 카테고리가 아니라 '템플릿'의 하위 카테고리인 '목업' 카테고리에 등록하면 됩니다.

손으로 그린 것도
팔 수 있어요

지금까지 그래픽 디자인 툴을 이용해서 만드는 다양한 아이템을 살펴보았는데요. 이번에는 손으로 직접 그린 작품으로 만든 디지털 파일을 살펴보겠습니다.

드로잉 작품으로 만들 수 있는 가장 기본적인 디지털 파일은 역시 포스터입니다. 구매자가 내 작품을 액자에 걸어서 공간을 멋지게 장식하는 모습을 상상해보세요. 수채화, 추상화, 아크릴화, 라인 드로잉 모두 잘나가는 포스터 아이템들입니다.

손 그림 스티커도 인기입니다. 아기자기한 스티커 디자인 중에서는 직접 손으로 그린 핸드 드로잉 스타일이 많아요. 다이어리를 꾸밀 수 있는 손으로 그린 귀여운 캐릭터들을 판매하는 거죠. 카드나 달력에 들어갈 일러스트도 직접 그려 넣어보세요. 인스타그램용 아이콘을 직접 그린 그림으로 만들 수도 있죠. 여러 가지 재료를 이용해서 창의적으로 만들어낸 텍스처와 패턴은 구매자의 눈에 띌 수밖에 없습니다. 어렵게 생각할 필요 없습니다. 물감으로 선을 몇 개 그어서 단순하게 디자인한 아이템들도 활발하게 판매되고 있으니까요.

손 그림이 강세를 보이는 품목을 꼽자면 바로 클립아트입니다. 저처럼 소스를 이용해 디자인 작업을 하는 사람들이 자주 구매하는 아이템인데요. 클립아트는 다른 디자인이나 제품을 만드는 데 사용하는 만큼 배경이 투명한 PNG 파일이 메인 형식입니다. PNG 파일을 패턴으로 변환한 JPG 파일이나 카드로 사용할 수 있게 배경을 넣은 JPG 파일을 추가로 판매하기도 합니다. 사이즈는 클립아트마다 천차만별이에요. 사람마다 작업하는 사이즈가 다르고 그걸 그대로 스캔해서 파일로 만들기 때문이겠죠. 작은 클립아트라도 3000px 넘는 사이즈로 만들기를 추천합니다.

내 작품 깔끔하게 스캔하는 법

내가 종이 위에 그린 그림으로 디지털 제품을 만들려면 우선 실물 그림을 디지털 파일로 만드는 게 먼저겠죠.

펜과 도구를 가지고 종이 위에 뭔가를 끄적이거나 드로잉하기를 즐기는 사람, 감성적인 수채화를 그리는 사람 등 종이에 작업하는 사람들을 위한 방법을 먼저 소개할게요.

먼저 작업물을 스캔해서 디지털 파일로 변환하는 방법입니다. 집에 고화질 컬러 스캐너가 없다면 근처 문구점이나 출력소에서 간편하게 작업 하능해요. 스캔할 때 신경 써야 할 중요 포인트는 다음과 같습니다.

- ☑ **고해상도 스캔인지 반드시 확인하세요.**

  디지털 파일은 300dpi로 판매하기 때문에 스캔 해상도를 300dpi 이상으로 설정하세요. dpi가 높을수록 해상도가 좋습니다.

- ☑ **컬러 모드로 설정되어 있는지 확인하세요.**

  스캐너가 흑백 모드로 모드로 설정되어 있는 경우가 있습니다.

- ☑ **사이즈는 판매할 사이즈를 고려해서 설정하세요.**

  판매할 가장 큰 사이즈에 맞춰서 작업한 다음 작은 사이즈가 필요할 때 크기를 줄이는 편이 좋습니다.

- ☑ **스캔이 선명하게 잘되도록 스캐너 위를 살짝 눌러주세요.**

  책 한 권 정도를 올려놓아 무게를 더하는 방법을 추천합니다. 스캐너에 종이가 밀착되면 스캔이 더 깔끔하게 된답니다.

- ☑ **JPG 파일로 저장하세요.**

  판매는 PDF 파일로 하더라도, 스캔 원본은 디자인 작업하기 편한 JPG로 만들어두는 편이 좋습니다.

작품을 촬영해 디지털 파일로 만들기

스캔하기 어려운 작품도 있습니다. 스캐너에 들어가지 않는 큰 작품이거나 스캔했을 때 재료 표현이 잘 되지 않는 작품이라면 스캔하기가 아무래도 어렵겠죠. 이럴 땐 디지털 카메라로 촬영하면 됩니다. 고화질의 결과물을 얻으려면 DSLR로 촬영하세요. 스마트폰 카메라는 적절하지 않습니다.

어떻게 촬영해야 최대한 실물에 가깝게 사진에 담을 수 있을까요? 사진을 찍을 때 알아두면 좋은 팁을 소개합니다.

1. **조명:** 플래시를 터뜨리지 마세요. 실내에서 햇빛이 자연스럽게 들어올 때 찍는 게 가장 좋습니다. 장소를 옮겨가면서 어느 곳이 가장 자연스럽게 빛을 받는지 여러 장 테스트해보세요. 색감은 편집 툴로 조절할 수 있으니 조금 어두워 보일지언정 너무 강한 빛이나 조명은 없는 편이 훨씬 낫습니다. 빛에 따라서 질감과 색감이 모두 다르게 표현되므로 반드시 명심하세요.

2. **각도:** 되도록 정면에서 촬영해야 합니다. 위에서 아래로 찍을 때도 각도를 제대로 설정하지 않으면 이미지에 왜곡이 생깁니다. 삼각대나 지지대를 사용해 카메라 렌즈가 작품과 정확하게 수평을 이루도록 설치하세요. 작품을 벽에 세워둔 채로 촬영할 때도 비스듬히 기대어놓지 말고 완전히 밀착해 90도로 세운

상태로 촬영합니다. 스캔으로 질감을 표현하기 어려운 유화 작품도 이 방법을 쓰면 판매용 디지털 파일로 만들 수 있습니다.

스캔이나 사진 촬영이 끝났다면 판매하기 전에 먼저 해야 할 작업이 있습니다. 디자인 툴을 사용해서 사이즈, 색감, 밝기, 명암 등 필요한 부분을 조절해야 해요. 작품이 실물처럼 화면에서도 똑같이 멋지게 나오도록 말이죠. 이미지가 삐뚤어지지 않았는지, 흐리게 나온 부분은 없는지, 잡티나 그림자가 들어가 있지는 않은지, 색감은 일정하게 고른지 잘 살펴보고 필요하다면 보정 작업을 해야 합니다.

아이패드 드로잉을 파일로 추출하는 법

이번에는 태블릿으로 작업한 드로잉을 디지털 파일로 변환하는 방법을 알아보겠습니다. 아이패드에서 프로크리에이트 앱으로 작업하는 경우를 살펴볼게요. 프로크리에이트로 작업했다면 디지털 파일로 쉽게 추출할 수 있습니다.

• **PSD:** 포토샵 파일로 내보내는 방법이 있어요. 레이어가 따로 저장되기 때문에 포토샵에서 불러와서 작업하기가 편리합니다. 제가 사용하는 방법이기도 한데요. 도구 모양의 아이콘 동작 탭 〉공유 〉PSD를 선택하면 내보내기가 완료됩니다. 반대로 프로

크리에이트에서 PSD 파일을 불러올 수도 있어요.

TIP 프로크리에이트에서 레이어 이름을 한글로 지정하면 포토샵에서 불러왔을 때 깨지는 오류가 발생하므로 레이어 이름은 영문으로 하세요.

- **JPG, PNG:** 단순하게 이미지로 저장할 때는 JPG 파일로, 투명한 배경이 필요한 스티커나 클립아트 작업이라면 PNG 파일로 저장하세요.

- **해상도:** 300dpi 이상으로 설정하세요. 작은 사이즈의 캔버스에서 작업을 하신다면 해상도를 더 높여서 저장하는 것을 추천합니다.

- **색상 프로필:** 색상 프로필은 RGB로 설정하고 작업하세요. 예전에는 출력용은 모두 인쇄용 색상 프로필인 CMYK로 변환했지만, 요즘 프린터는 RGB 정보를 이용해서 바로 출력할 수 있기 때문에 엣시 셀러들은 대부분 RGB 모드로 판매하고 있습니다. 다른 플랫폼에서도 RGB 파일을 선호하고요.

간혹 색상 프로필이 RGB일 때와 CMYK일 때 색상 차이가 아주 큰 컬러들이 있습니다. CMYK를 써야 하는 상황에서 RGB 민트색을 출력했더니 쨍한 형광색의 결과물이 나와서 깜짝 놀랐죠. 그래서 저는 포토샵에서 색상 프로필을 CMYK로 변환해서 컬러를 CMYK에 맞춘 다음 다시 RGB로 변환해서 완성한 파일을 업로드합니다.

마지막에 RGB로 다시 바꾸는 이유는 미국 프린트 숍 기준이 주로 RGB에 맞춰져 있기 때문이에요. 플랫폼에서도 아예 RGB 파일만 업로드할 수 있게 해놓은 경우가 많기도 하고요.

손그림 숍 둘러보기
Patishopart

손글씨에 자신 있다면

이번 장에서는 문자 디자인으로 만드는 디지털 파일 제품에는 어떤 것들이 있는지 알아보겠습니다. 디지털 도구로 타이포그래피 디자인을 하는 분도, 펜이나 붓으로 종이에 레터링을 하는 분도 있을 텐데요. 그럼 이런 글자들을 이용해 어떤 디지털 제품을 만들 수 있는지 알아볼까요?

1. **포스터**: 그렇습니다. 포스터는 거의 모든 종류의 작품을 활용할 수 있는 디지털 제품입니다. 글자 디자인을 포스터 디지털 파일로 만들어 판매할 때 타이틀이나 태그에 사용되는 중요 키워드와 함께 알아볼게요.
   - hand-written, calligraphy: 손글씨
   - typography: 문자를 중심으로 한 디자인

- **quote: 문구**

어떤 내용의 문구인지를 어필하려면 앞에 주제어를 붙이세요. 커피 관련 문구라면 'coffee quotes', 크리스마스 문구는 'christmas quotes', 가을을 이야기하는 문구라면 'fall quotes'처럼요.

- **inspirational quote, motivational quote: 명언**

감명 깊은, 동기를 주는, 자극을 주는 문구를 말합니다. 명언, 멋진 글, 좋은 글귀 등을 생각하면 되는데요. 참고로 책에 나온 구절을 가져다 쓴다거나 유명인이 한 말을 그대로 인용한다면 저작권 문제가 발생할 수 있으니 주의하세요.

- **definition: 뜻, 정의**

이 키워드를 주목하세요! 어쩐지 뜬금없어 보이지만 이랭크 툴로 분석한바 이 키워드가 포스터에서 아주 빈번하게 사용된다는 사실을 확인했답니다. 데피니션 프린트definition print, 데피니션 월 아트definition wall art라는 키워드로 쓰이는데요. 어떤 한 단어와 단어의 정의를 쓴 타이포그래피 디자인 포스터 종류를 일컫습니다. 단어를 유머러스하게 재해석하기도 하고요, 사전에 나오는 정의를 그대로 쓰기도 합니다.

- **Korean calligraphy, Korean art, Hangeul: 한글 캘리그래피**

한글 캘리그래피를 담은 디지털 파일도 좋은 호응을 얻고 있답니다. 케이팝의 영향도 있을 테고, 한글의 아름다움을 외국인들도 알아본 것일까요? 우리나라에서도 영문이나 다른 언어의 글자를 디자인 요소로 활용하는 모습을 자주 볼 수 있는데요. 어

느 나라나 마찬가지인가 봅니다.

2. **스티커:** 해외에서도 다이어리를 꾸미는 데 쓸 영문 캘리그래피 스티커를 찾는 고객이 많습니다. 시중의 스티커 중에서 한글이나 영문이 들어간 스티커를 한번 잘 살펴보세요. 좋은 아이디어가 떠오를 거예요!

3. **워크북:** 글씨 연습용 워크북, 워크시트 디지털 파일도 판매할 수 있습니다. 프로크리에이트에서 손글씨를 연습할 수 있는 워크북도 인기고요. 종이에 출력해 펜이나 연필로 따라 쓰면서 글씨를 연습할 수 있는 형식도 있습니다. 요즘은 케이팝 시장이 커지면서 우리말을 배우는 외국인들도 아주 많아졌는데요.

한글 연습용 워크북을 만들어 한글을 배우는 사람을 대상으로 판매해보는 것도 승산이 있을 겁니다.

4. 폰트: 폰트를 만들 줄 아는 능력자라면 자기 손글씨로 폰트를 만들어 판매할 수도 있습니다. 폰트는 높은 패시브 인컴을 가져다주는 디지털 제품 가운데 하나인데요. 디자이너들은 항상 유니크하고 전에 없이 새로운 폰트를 찾기 때문에 폰트를 구매하는 데 돈을 아끼지 않는 편이랍니다.

5. SVG 파일: 일러스트레이터나 잉크스케이프에서 캘리그래피를 SVG 형식으로 변환해 디지털 파일로 판매할 수 있습니다. 상업용 라이선스를 포함한 폰트라도 SVG 파일에 사용하는 건 금지하는 경우가 있어서, 주로 손글씨를 쓰는 분들이 이 카테고리에서 많이 보여요. 케이팝을 좋아하는 사람들을 대상으로 스티커나 옷에 쓸 만한 한글 문구를 SVG 파일로 판매해보세요.

6. 클립아트: 알파벳 클립아트가 대표적인 인기 아이템인데요. A부터 Z까지 알파벳을 수채화로 그리거나, 손글씨로 쓰거나, 각종 효과와 장식을 더해 배경 없는 PNG 파일로 판매하는 겁니다. 웨딩 시즌에는 알파벳을 꽃으로 장식한 클립아트들이 인기입니다.

오버레이Over lay라고 부르는 클립아트도 판매할 수 있습니다.

오버레이는 사진 위에 문구를 올리는 작업을 할 때 쓰는 클립 아트입니다. 어떤 사진에 올려도 잘 보이는 흰색과 검은색을 주로 사용하며, 사진 작가들이 사진을 꾸미는 작업을 할 때 자주 구매하는 아이템입니다.

캘리그래피 상품 구경하기
theRLGboutique

- **엣시**

손그림 그리기와 손글씨 쓰기 취미를 가진 판매자와 구매자로 북적이는 곳입니다. 구매자의 시선에서 예쁜 숍들을 둘러보다 보면 손그림이나 손글씨 작품을 어떻게 판매하는지 알 수 있습니다. 세트 상품도 좋지만 낱개로 단가를 낮춰 판매하는 전략도 병행하는 편이 유리합니다. 특히 이 카테고리의 판매에 적합한 SVG 파일 판매 숍들을 눈여겨보는 것도 잊지 마세요.

- **크리에이티브 마켓**

전문 디자이너들이 주로 이용합니다. 따라서 낱개로 판매하는 아이템보다는 여러 작품에 다양하게 사용할 수 있는 세트 상품이 호응도가 높습니다.

- **디자인컷**

클립아트와 폰트에 집중하는 플랫폼이라 손글씨, 드로잉 클립아트, 기타 스크랩북을 꾸미는 데 활용하기 좋은 각종 장식용 아이템을 판매하기에 적합합니다. 프로크리에이트 전용 카테고리도 있으니 여기에 주력한다면 눈여겨볼 만한 플랫폼입니다.

● 레드버블, 소사이어티6

손으로 그린 작품들도 다양하게 판매되고 있으며 수채화와 추상화를 바탕
으로 한 패턴 형식이나, 창의성이 돋보이는 디지털 드로잉도 많습니다. 내
가 그린 작품이 해외에서 굿즈로 만들어져 팔린다는 건 정말 뿌듯한 일이
에요.

Chapter 4

황금알 낳는
핵심 플랫폼
완전 정복

시작은 엣시로 하세요

　글로벌 온라인 마켓 하면 보통 아마존이나 이베이를 많이 떠올리지만 디지털 파일 판매에서만큼은 엣시가 선두주자입니다. 아마존은 아직 전자책 말고는 디지털 제품을 판매하지 않거든요. 이베이도 디지털 파일 카테고리를 따로 두지 않고요. 미국에서 디지털 파일을 찾는 사람은 자연스럽게 엣시를 떠올려요.

　게다가 엣시는 제2의 아마존이라 불릴 만큼 무섭게 성장하고 있습니다. 시가총액은 200억 달러를 넘었고 2020년 9월에는 뉴욕 증시에 상장한 대형 기업으로 구성된 S&P500에 편입되기도 했죠. 코로나 유행 이후 엣시에서 팔린 수제 마스크 매출액만 6억 달러가 넘는다고 하니 정말 굉장한 규모죠.

　엣시의 장점을 좀 더 자세히 들여다볼게요.

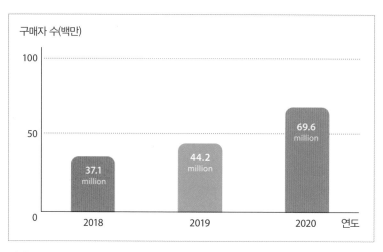
구매자 수(백만)

100		
		69.6 million
50	44.2 million	
37.1 million		
0	2018	2019	2020	연도

엣시는 제2의 아마존이라 불리며 무섭게 성장하고 있습니다.(출처: etsy.com 2020 리뷰)

• 이용자 수가 급증하고 있습니다

엣시를 이용하는 사람들은 해마다 폭발적으로 증가하는 추세예요. 2020년 엣시 리뷰에 따르면 작년 한 해 약 7000만 명이 엣시에서 물건을 구매했는데 이는 우리나라 전체 인구를 훌쩍 뛰어넘는 놀라운 수치입니다.

• 프리미엄 고객이 많습니다

엣시에서 디지털 파일을 구매하는 사람들은 싼 물건을 찾기 위해서 가격 비교를 하는 구매자들과는 조금 달라요. 다른 곳에서는 살수 없는 유니크한 아이템을 구매하려는 사람들이 몰려드는 플랫폼이죠. 엣시에서 상품을 검색하는 사람들은 구글에서 검색하는 사람들과 다르게 특정 아이템을 구매하려는 목적이 뚜렷한 고객들이라 판매로 이어지는 비율이 높은 편입니다.

•수수료가 저렴합니다

판매 수수료가 5%로 낮습니다. 엣시와 비슷한 국내 핸드메이드 제품 판매 플랫폼인 아이디어스의 수수료가 15~22%인 것과 비교해봐도 훨씬 저렴하죠.

•플랫폼 신뢰도가 높습니다

엣시는 이미 신뢰도가 높은 플랫폼이라서 고객들이 믿고 구매할 수 있어요. 개인 쇼핑몰을 운영하면 인지도가 생기고 신뢰를 쌓을 때까지 많은 정보와 리뷰가 축적되어야 하지만 엣시에서 시작한다면 그럴 필요가 없습니다. 이 숍이 믿을 만한지, 사기를 당하면 어떻게 보상받을 수 있는지와 같은 문제에서 엣시가 대신 책임을 지고 있기 때문이죠.

•숍 개설이 간편합니다

여러 플랫폼에서 숍을 열어봤지만 엣시가 가장 간단하게 시작할 수 있는 구조였습니다. 다른 곳처럼 포트폴리오를 올리거나 승인이 날 때까지 기다려야 하는 게 아니라, 진입장벽이 낮은 것이 큰 장점입니다.

이토록 장점이 많은 엣시지만 유의할 점 또한 존재합니다.

• 정책을 준수해야 합니다

엣시의 정책을 따르지 않으면 계정 정지라는 초유의 사태가 발생할 수 있어요. 하지만 엄격한 룰 덕분에 우리가 구매자일 때뿐만 아니라 판매자로서도 보호받을 수 있는 거겠죠. 종종 구매자가 제품 설명을 제대로 읽어보지 않고 엣시에 문제를 제기해 환불을 요구하는 경우가 있는데요. 이때 엣시가 진상을 조사한 다음에 구매자 귀책을 확인하면 접수된 요청을 종료시킵니다. 묻지도 따지지도 않고 환불해주는 아마존과 비교해 판매자와 구매자 사이에서 중립을 지키며 합리적으로 처리하는 편이죠.

• 브랜드를 알리기가 어려워요

구매자들이 물건을 살 때 '○○숍에서 샀다'고 생각하기보다 '엣시에서 샀다'고 생각하기 때문에 개인 브랜드를 알리기는 어렵습니다. 개인 홈페이지처럼 자유롭게 숍의 레이아웃을 바꾸기 어렵고, 디자인할 수 있는 영역도 한계가 있고요. 하지만 그렇기 때문에 숍을 디테일하게 세팅하거나 예쁘게 꾸밀 자신이 없는 초보자들도 쉽게 도전할 수 있는 면도 있지요.

• 영어를 사용해야 합니다

엣시는 국내 플랫폼과 비교할 수 없을 만큼 큰 시장이라는 사실을 잊지 마세요! 이미 엣시에서 디지털 파일을 판매하고 있는 수많은 셀러들 가운데 영어가 아닌 다른 언어권 셀러들이 얼마나 많은

지 모릅니다. 영어가 능숙하지 않아도 번역기를 사용하며 꾸준히 제품을 판매하는 중국인, 인도인, 유럽인 등 수많은 외국인 셀러들이 있답니다. 사람들이 판매자의 영어 실력을 보고 제품을 구매하지는 않습니다. 한국인 셀러가 아직 많지 않은 데는 영어 울렁증이 미치는 영향이 꽤 크지 않은가 싶은데요. 그런 작은 걸림돌로 인해 우리의 수많은 재주와 능력을 그대로 두기엔 너무 아깝습니다. 이 책을 통해 자신감을 갖고 도전해보세요!

이메일만 있으면
전 세계에서 수금 가능

　페이팔Paypal은 이미 전 세계 3억 명이 넘는 사람들이 사용하는
(2020년 10월 기준) 세계 최대 전자 결제 시스템입니다. 서로의 신용
카드나 계좌번호를 몰라도 이메일 주소만 있으면 지구 반대편 사람
끼리도 안심하고 거래할 수 있는데요. 일단 페이팔에 가입해두면 엣
시 외에 다양한 해외 플랫폼에서 정산을 받을 때도 편리하게 사용
할 수 있습니다.

1) 먼저 페이팔 코리아에 들어가 '지금 가입하기'나 '무료 회원 가
　입' 버튼을 클릭하세요. 회원은 '페이팔로 구매하기(구매자)'와
　'페이팔로 결제받기(판매자)'로 나뉘는데요. 구매자로 가입해도
　나중에 비즈니스 계정으로 전환할 수 있습니다.
2) 이름, 이메일 주소, 비밀번호를 입력합니다.

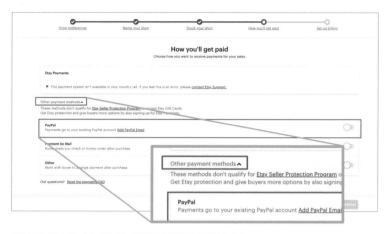

엣시 샵 개설 시 매출 정산은 페이팔로 설정하시면 됩니다.

3) 생년월일, 국적, 연락처를 기입합니다. 신분증 유형 선택 사항으로 운전면허증이나 여권번호를 입력하셔도 됩니다.

> **TIP** 내 영문 주소는 네이버에 '영문 주소'라고 검색하면 쉽게 확인할 수 있어요. 휴대전화 번호를 입력할 때는 +82 뒤에 010에서 앞쪽 0을 제외하고 10부터 적으면 됩니다.

4) 동의 및 계정 만들기로 넘어가면 완료입니다.

여기서부터 중요합니다. 반드시 모든 단계를 완료한 다음에 엣시 샵을 열어야 합니다. 페이팔 계정이 안정적이지 않을 경우 엣시가 위험성이 있는 것으로 감지해서 계정을 정지할 수도 있습니다. 은행 및 카드 항목에 느낌표 표시가 있거나 '인증 안 됨'이라고 나온다면 설정이 완료되지 않은 것이므로 설정이 제대로 완료되었는지 끝까지 잘 확인해야 합니다. 페이팔 계정 설정 관련하여 궁금한 점이 있다면 반드시 페이팔 코리아 고객센터에 문의하세요.

1. **이메일 확인**: 등록한 이메일 사서함을 열어서 인증을 완료하고 다시 페이팔 계정을 확인합니다.

2. **카드 등록**: 체크카드나 신용카드 번호를 입력한 다음 '카드 연결' 버튼을 클릭하면 카드 등록 완료입니다.

3. **계좌 등록**: 다시 계정으로 이동해서 은행 계좌를 설정합니다. 은행 계좌 정보는 한글로 넣으면 되고, 코드는 자동으로 입력됩니다. 동의를 하면 은행 계좌 확인 방법이라고 나옵니다.

   TIP 여기서 등록이 완료된 것이 아닐 수 있으니 주의하세요. 며칠 뒤에 페이팔에서 보낸 두 건의 소액 입금 내역을 확인해야 인증 절차가 마무리됩니다.

4. **입금 확인 인증**: 영업일 기준으로 3~5일 내에 페이팔에서 50원 이하의 소액을 두 번에 걸쳐 가입자에게 입금합니다. 페이팔로부터 받은 두 건의 입금 내역을 확인한 다음, 설정 메뉴로 들어가 은행 및 카드 항목을 확인합니다. '확인 안 됨'에 들어가서 입금받은 금액을 적으면 됩니다.

입금 내역 확인 및 인증까지 모두 완료했다면 페이팔을 통해서 연결한 계좌로 입금받을 준비가 끝난 것입니다. 구매자가 페이팔로 결제해서 페이팔 계정에 입금이 되면 국내 계좌로 환전해서 인출하면 됩니다. 인출은 요청한 날로부터 영업일 기준 3~5일 정도 걸리고 환전 수수료는 국가나 지역에 따라 다르며 이체하기 전에 페이팔 환율을 적용해서 얼마로 인출되는지 미리 확인할 수 있습니다. 페이팔에서 15만 원 이하를 인출하면 1500원의 수수료가 추가로 붙기 때문에 이를 아끼려면 금액도 신경 써야겠죠.

여기서 한 가지 주의 사항이 있습니다. 아이디와 비밀번호만 입력하면 결제가 이루어지므로 편리하다는 장점이 있지만 페이팔을 이용한 피싱 문자, 피싱 이메일을 각별히 조심해야 합니다. 저도 마침 페이팔에서 들어올 돈이 있을 무렵 로그인하라는 메일이 온 적이 있어요. 큰돈이라서 자세히 봤더니 가짜로 만든 피싱 이메일이었습니다. 피싱 메일에 포함된 링크를 열거나 첨부파일을 다운로드했다면 무슨 일이 벌어졌을지 끔찍하죠. 반드시 발신자를 먼저 확인하기 전까지 링크를 누르지 말고 새로운 창에서 직접 페이팔로 접속해 로그인하세요. 페이팔에서 인증번호나 주문 배송 관련 피싱 문자도 온다고 하니 페이팔 관련 사항은 페이팔 웹사이트를 통해서만 확인하는 게 안전합니다.

숍을 열기 전에 명심할 것들

물건을 사용하기 전에 주의사항을 미리 체크해야 하는 것처럼, 엣시를 시작할 때에도 꼭 알아야 할 주의사항들이 있습니다. 저는 여러 개의 엣시 숍을 운영 중이지만, 계정이 정지된 적은 아직 한 번도 없습니다. 하지만 종종 발생하는 일이라고 하는데요. 어떤 경우에 엣시에서 계정 정지가 일어나는지 미리 알려드릴게요.

• 나도 모르게 남의 권리를 침해한 경우

숍 계정 정지 사유로 가장 흔한 것이 바로 저작권 침해입니다. 많은 경우 본인이 저작권을 위반했다는 사실조차 모르고 있는데요. 저작권이나 상표권이 이미 등록되어 있는 이미지나 단어를 써서 디자인하는 경우나 디자인에는 문제가 없는데 타이틀과 태그에 상표권이 등록된 단어를 쓴 경우 등이 있습니다.

생각하기에 문제가 없는 문장인데 알고 보면 누군가가 상표권 신청을 해놓은 단어나 문장일 수도 있거든요. 상표권 등록 여부를 알아보시려면, 미국 특허청 홈페이지 내 상표권 전자 검색 시스템TESS에 접속해서 확인하는 게 좋습니다.

> **TIP** tess2.uspto.gov/ TESS로 들어가 검색 옵션에서 'basic word mark search'를 클릭하세요. 다음 살아있는 저작권만 보기live를 선택합니다. 검색창에 사용하고 싶은 문구를 입력하여 원하는 분야(ex: 포스터)의 상표권 등록 여부를 확인하세요. 누군가 이미 등록을 마쳤다면 해당 단어나 문장을 사용해 디자인을 할 수 없습니다.

타이틀이나 태그에 사용하는 단어를 특히 주의하세요. 내가 직접 그린 그림, 사용 가능한 단어로 디자인 아이템을 등록한다면 문제 없습니다. 디즈니 캐릭터를 넣은 아이템을 버젓이 팔고 있는 숍이 있는 것도 사실입니다. 하지만 내일 당장 숍이 정지되어도 이상할 게 없습니다. 디즈니 측에서 종종 엣시에 와 해당 숍들을 신고하거든요. 유명 브랜드 디자인은 최대한 멀리해야 합니다. 스포츠 팀 이름, 해리포터나 디즈니 같은 영화 속 캐릭터, 영화 제목, 샤넬 같은 브랜드명 등은 사용하면 안 된다는 것을 기억하세요.

• 소비자 분쟁이나 나쁜 리뷰가 너무 많은 경우

디지털 다운로드에는 배송 관련 문제가 없어서 구매자와 분쟁을 벌일 일이 많지는 않습니다. 바로 다운로드되는 아이템은 구매자가 분쟁 신청을 하더라도 엣시에서 자동으로 해결하고 종료하는 경우가 대부분입니다. 혹시라도 다른 문제가 생겨서 소비자가 분쟁 신청

Case open을 한다면 메일을 받게 되는데, 이때 판매자의 응답이 필요한 경우가 있습니다. 그럴 때에는 엣시 숍 매니저 〉community & help 〉Cases 로 가서 요청받은 정보를 입력해주세요. 답변을 하지 않으면 숍이 정지될 수 있습니다. 소비자 분쟁과 나쁜 리뷰들이 쌓이면 엣시 숍을 정지할 수 있다고 하기 때문에 고객의 만족도를 높이기 위해서 노력해야 합니다.

• 각종 요금이 연체된 경우

엣시에 지불해야 할 수수료를 제때 지불하지 못하면 숍이 비활성화되며 완납하고 나서야 숍을 다시 열 수 있다고 나와 있습니다. 엣시 파이낸스Finance 탭에 있는 페이먼트 어카운트를 체크해서 지불해야 할 돈이 있는지 반드시 확인하세요. 매월 1일부터 15일 사이에 페이팔 계정을 통해서 납부해야 합니다.

• 똑같은 제품을 다른 숍에서 판매한 경우

엣시에서는 같은 IP를 사용하는 사람이 여러 개의 다른 계정을 만들어서 숍을 여러 개 여는 것은 허용하지만, 다른 숍에서 같은 제품을 중복으로 판매하는 것은 금지합니다. 두 개 이상의 숍을 연다면 완전히 다른 제품을 판매해야 합니다.

• 다른 경로로 구매를 유도하거나 리뷰를 조작하는 경우

구매자와 주고받는 메시지를 통해 엣시가 아닌 다른 곳에서 제품을 구매하라고 권유하며 다른 경로로 유도하는 것도 금지입니다. 리뷰를 남겨달라고 요청할 수는 있지만 리뷰를 남기면 선물을 준다거나 리뷰 별점을 더 높게 바꿔주면 환불을 해주겠다 하는 식의 리뷰 조작 시도도 금지되어 있습니다. 지인이나 가족, 본인이 제품을 사서 리뷰를 남기는 행위도 금지합니다. 안 걸릴 것 같지만 이메일 주소와 정보 등을 통해서 연결이 있는지 금방 알 수 있다고 하네요.

• 국가 설정이 일치하지 않을 경우

국가 설정은 한국으로 해두었는데 배송 주소가 미국으로 되어 있는 경우 숍이 정지될 수 있습니다. 처음 숍을 열 당시에 입력한 정보가 기준이 되기 때문에 해외 카드로 결제를 받게 하기 위해서 미국 배송 대행지를 사용한 위장 주소를 넣는 경우가 있다고 하는데 절대로 하면 안 되는 방식이에요. 현재 한국에서 활동하는 셀러는 페이팔로만 결제를 받을 수 있습니다.

• 판매 금지 품목을 판매하는 경우

디지털 파일에 해당하는 품목은 성인물, 폭력물이 있습니다. 해당할 만한 디자인은 절대 하면 안 되겠죠.

이상 엣시에서 숍을 운영할 때 반드시 지켜야 하는 규칙이었습니다. 요즘 신생 숍과 해외에 있는 글로벌 셀러들에게 더 엄격한 기준을 적용한다는 말이 많은데요. 핸드메이드가 아닌 공산품을 들여와

서 몰래 판매하는 중국 셀러가 늘어나면서 기존 셀러들의 항의가
빗발쳤기 때문입니다.

이유 없이 계정 정지를 당했다면?

혹시라도 계정 정지가 된 경우에는 엣시에 직접 연락하는 것 외
에 해결 방안은 따로 없는데요. 숍이 닫히고 새로운 숍을 개설하려
고 시도해도 페이팔 어카운트, 주소, 이름을 중복으로 사용하면 자
동으로 숍이 닫힌다고 합니다.

갑작스러운 계정 정지에 당황해서 다른 계정을 새로 만들고, 그러
다가 여러 개의 계정이 모두 정지되면서 상황이 복잡해지는 경우가
종종 있는데요. 새로운 계정을 만들지 마시고 꼭 먼저 엣시에 문의
하세요. 이메일이나 채팅을 통해서 숍을 열어달라고 요청하고 해결
부터 해야 합니다. 엣시가 워낙 글로벌 기업인 데다가 현재 코로나
사태로 고객 응대가 늦어지고 있는데 답답하지만 적극적으로 내 숍
의 상황을 설명하고 답변을 계속 요구하는 것이 최선의 방법입니다.

엣시 이용약관에서 해지 부분을 보면 엣시는 언제든 사전 통지
없이 계정을 중단할 수 있다고 명시하고 있습니다. 앞서 말씀드린
사항을 어긴 경우라면 엣시로서는 숍을 복구해줄 이유가 없기 때문
에 계정이 복구될 확률이 낮습니다.

지켜야 할 사항을 잘 지켰음에도 불구하고 계정이 이유 없이 정

지되었을 때는 엣시에 상황을 알리고 정지를 풀어달라고 거듭 요청하는 방법뿐입니다. 계정 정지가 되기 전에 엣시로부터 온 이메일이 있는지 샅샅이 확인해보세요. 이메일에 나와 있는 주소로 답변을 할 수도 있고 이메일을 받지 못했다면 고객센터를 통해서 해결해야 합니다.

10분 만에
가입부터 오픈까지

이제 글로벌 셀러가 되는 첫걸음, 엣시 회원 가입을 하고 숍을 여는 과정을 알아보겠습니다.

여기서 다시 한번 확인할 사항이 있습니다. 앞서 살펴본 페이팔 설정 네 가지가 모두 완벽하게 완료되었는지, 엣시 숍을 운영할 때 기억해야 할 주의 사항과 계정 정지 관련 안내 사항을 모두 정확하게 인지했는지 다시 한번 확인하세요. 아무리 강조해도 지나치지 않을 만큼 중요한 사항입니다. 두 가지 유의 사항을 꼼꼼하게 챙기지 않으면 힘들게 개설한 숍이 하루아침에 정지당할지도 모르니까요. 반드시 명확하게 확인한 다음에 숍을 개설하세요.

숍을 열기 전에 미리 준비해둘 것이 있죠. 첫 번째로 자신이 직접 만든 디지털 제품입니다. 작업한 작품 파일을 준비하고 등록할 때 사용할 디지털 제품 사진도 준비합니다. 제품이 실제로 어떻게 쓰이는지 보여주는 목업 사진도 좋고, 아직 제품 소개 사진 작업을 못했다면 작품 이미지를 그대로 사용해도 무방합니다.

• 참고: 등록 수수료 40개 무료! 공유 링크로 가입하는 법

숍을 개설할 때 무료 리스팅 40개를 받는 방법이 있습니다. 이미 엣시에 가입되어 있는 셀러에게 받은 공유 링크를 통해서 숍을 오픈하는 방법입니다. 제품 하나를 등록할 때마다 리스팅 수수료로 20센트, 우리 돈으로 200원이 조금 넘는 금액을 지불합니다. 공유 링크를 통해서 가입한다면 리스팅 수수료 부담 없이 시작할 수 있겠죠.

무료 리스팅이 제대로 전달이 되었는지 확인하는 방법이 있습니다. 메뉴〉리스팅을 선택해 우측 상단에 있는 '리스팅 추가add a listing' 옆에 리스팅 개수와 'free'라는 표시가 보이면 성공입니다. 공유 링크는 www.etsy.com/invites/sell 에서 확인할 수 있는데요. 맨 위에 뜨는 링크를 복사해서 자신의 소셜미디어 계정에 공유해보세요. 자신이 공유한 링크를 타고 누군가가 엣시에 가입하면 신규 가입 회원뿐만 아니라 자신도 40개의 무료 리스팅을 추가로 받을 수 있습니다.

공유받은 링크를 타고 들어간 페이지에서 '오늘 숍 열기Open a shop today'를 클릭합니다. 다른 많은 웹사이트들처럼 이메일 주소로 가입하는데요. 이때 입력한 이메일로 엣시 관련 메일과 고객 메시지를 받게 됩니다. 기존에 사용하던 이메일을 사용해도 되고 셀러용으로 사용할 이메일 계정을 따로 만들어서 가입하는 방법도 있습니다.

숍 개설은 다섯 단계로 진행됩니다.

1. **숍 설정**Shop preferences: 언어는 영어, 국가는 한국, 통화는 US달러로 설정합니다. 엣시 숍을 풀타임으로 운영하고 싶은지 파트타임을 원하는지 하는 질문에 간단히 답하고 넘어갑니다. 숍에 영향을 주지 않는 질문이므로 편하게 선택하세요.

2. **숍 이름 짓기**Name your shop: 원하는 숍 이름을 입력하고 중복 확인check availability을 클릭합니다. 사용할 수 있음Available이라고 표시되면 성공입니다.

3. **제품 등록**Stock your shop: 직접 만든 디지털 파일을 미리 준비해 두었다면 바로 제품을 등록하면 됩니다. 이 단계에서 등록하는 항목들은 숍 개설 후에 수정할 수 있으므로 완벽하지 않아도 괜찮습니다.
   주요 항목들은 다음과 같습니다.

• **제품 사진:** 크기가 가로 2000px 이상인 섬네일 파일을 업로드합니다. 최대 10개까지 가능합니다.
• **타이틀:** 일단 기본적인 아이템 이름을 넣습니다. 타이틀 설정에 관해서는 이후 다시 자세히 살펴보겠습니다.
• **이 제품에 대해서**About this listing: 만든 사람은 나, 무엇인가요에는

완성작A finished product, 언제 만들었나요는 해당 연도를 선택하세요.

- **카테고리:** 자신이 만든 제품의 성격에 따라 스티커sticker, 플래너 planner, 포스터poster 등의 키워드를 검색하면서 알맞은 카테고리를 찾습니다. 어느 카테고리를 선택하는지에 따라 이후에 나오는 항목의 종류가 달라집니다. 밑으로 내려가서 형식Type 항목을 실물physical이 아닌 디지털digital로 먼저 바꿉니다.

- **옵션:** 카테고리마다 옵션이 다르므로 자기 제품을 가장 잘 표현한다고 생각하는 키워드를 선택합니다. 이 부분은 노출에 상당한 영향을 주므로 알맞은 키워드를 잘 선택해야 해요. 기본적으로 자주 등장하는 옵션을 먼저 살펴보겠습니다.

  - 메인 컬러primary color, 그 외 주요 색상secondary color을 선택합니다.

  - 방향orientation에서 가로 방향horizontal이나 세로 방향vertical을 선택합니다.

  - 명절holiday도 자주 나오는 옵션이에요. 어떤 특별한 날에 적용할 수 있는 제품인지 선택합니다.

  - 상황occasion은 제시되는 다양한 상황 가운데 내 제품과 가장 잘 맞다고 생각하는 것을 선택하면 됩니다.

  - 그 밖에 어떤 공간에서 사용하기를 추천하는지room, 포스터라면 액자를 포함하는지 여부를 묻기도 하는데요. 디지털 제품은 파일만 판매하는 것이므로 액자 없음unframed을 선택합니다.

- **리뉴얼:** 엣시 리스팅은 4개월 동안 판매되지 않으면 만료가 되는데 자동 갱신automatic을 선택하면 기간이 지나도 숍에서 사라지지 않습니다. 매뉴얼manual을 선택하면 만료되었을 때 숍에서 제품이 사라지고 다시 살리려면 수동으로 갱신해야 합니다.
- **가격과 수량:** 자유롭게 입력하세요. 1개라고 입력하면 재고가 1개라는 의미로, 누군가 한 명이 구매하면 해당 제품은 저절로 매진sold out이라고 표시되며 더 이상 판매가 되지 않습니다. 저는 매진되지 않도록 재고 수량을 넉넉하게 100 정도로 잡아놓습니다.
- **업로드 파일**upload files**:** 만들어놓은 디지털 파일을 선택해서 업로드하면 됩니다. 저장 후 계속save and continue 버튼을 클릭하면 첫 제품 등록 완료입니다. 수정할 것이 없다면 이대로 판매를 시작하면 됩니다.

4. **정산 방식**How you'll get paid: 엣시 페이먼트는 한국에서 사용할 수 없기 때문에 엣시 숍 개설 전에 가입한 페이팔 계정을 선택하면 됩니다. 페이팔 계정을 위아래 전부 입력하고 연결하세요. 그러면 이메일을 확인하라는 요청이 뜨는데요. 셀러로 가입한 이메일에 접속해서 인증하면 됩니다.

5. **지불 정보 입력**Set up billing: 엣시에 지불할 수수료를 결제할 카드나 페이팔 계좌를 연결하세요.

드디어 숍이 오픈되었습니다! 두근두근하죠? 정식으로 엣시 셀러가 된 것을 축하드려요.

주요 메뉴 사용법

엣시 셀러의 길에 들어선 기분, 어떤 가요? 이제 실전입니다.

엣시 숍을 운영하면서 사용하게 될 메뉴를 살펴보겠습니다. 낯설고 익숙지 않은 메뉴지만 설명을 차근차근 읽어 보면 금방 파악할 수 있답니다.

로그인한 다음 숍 매니저 버튼을 누르면 관리 페이지가 뜨는데요. 데스크톱 기준 화면 왼쪽에 자리한 숍 매니저 메뉴를 살펴보겠습니다.

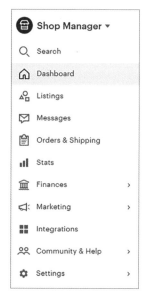

숍 매니저 메뉴에서 모든 설정과 관리, 각종 통계를 확인할 수 있습니다.

1. **검색**Search: 관련 오더나 리스팅 또는 커뮤니티의 글과 도움말 등을 볼 수 있습니다.

> **TIP** 검색창에 내가 판매하려고 하는 아이템의 키워드를 입력해보세요. 숍 매니저 옆에 있는 엣시 마켓플레이스(Etsy Marketplace)에서 최대 11가지 추천 검색어를 알려줍니다.

2. **대시보드**Dashboard: 숍이 어떻게 돌아가고 있는지 전체적인 운영 상황을 보여줍니다. 오늘, 최근 일주일, 최근 한 달 혹은 지정한 기간 동안 방문자 수, 주문 수, 판매액이 어땠는지 간단한 통계로 확인할 수 있습니다. 숍 어드바이저나 체크리스트는 내 숍에서 업데이트될 부분을 보여주거나 "00개 판매! 축하합니다!" 같은 메시지를 띄우거나 만료 예정 리스팅을 알려주는 등 변동 사항을 알릴 때 나타납니다. 최근 활동recent activity에서는 누가 좋아요favorite를 눌렀는지, 누가 구매를 했는지 등을 알려줍니다.

3. **리스팅**Listings: 제품 관리 페이지입니다. 섬네일을 클릭하면 제품 수정을 할 수 있고, 리스팅 추가add a listing에서 새로운 제품을 업로드할 수도 있습니다.

> **TIP** 여기서 스탯(Stat) 옵션을 켜놓으면 최근 30일 방문자 수, 좋아요 수, 총 판매액을 볼 수 있습니다.

4. **메시지**Message: 고객과 소통하는 창구죠. 스마트폰 문자메시지 형식처럼 되어 있어 편리하게 확인하고 답변할 수 있습니다.

5. **주문 & 배송**Orders & Shipping: 주문과 배송 확인을 할 수 있습니다. 디지털 제품은 구매와 동시에 자동으로 배송 완료로 분류됩니다. 가끔 구매자가 주문서에 메모를 남기기도 하니 정기적으로 한 번씩 체크해보세요.

6. **스탯**Stats: 통계 자료를 보여주는 메뉴입니다. 내 숍이지만 나도 몰랐던 이 꿀정보들을 바탕으로 새로운 기획이 생기고 숍의 방향성이 정해지기도 해요. 방문자 수와 주문 전환율, 판매액을 그래프로 보기 쉽게 나타내고 있고요. 구매자가 어떻게 이 숍을 찾아왔는지 유입 경로를 카테고리별로 확인할 수 있습니다. 통계 메뉴를 자주 들여다보며 확인한 정보를 통해서 보완해야 할 부분을 찾고 제품에 반영하면 됩니다. 각 제품을 클릭하면 해당 제품을 어떤 키워드로 검색해서 클릭하게 되었는지와 같은 무척 유용한 자료를 얻을 수 있습니다.

7. **파이낸스**Finances: 수수료와 판매액을 상세하게 분류한 자료를 확인할 수 있습니다. 지불payment 설정은 페이팔로만 연결하면 됩니다.

8. **마케팅**Marketing: 엣시 세일, 마케팅, 쿠폰 설정을 할 수 있는 메뉴입니다.

9. **통합**Integrations: 엣시와 연동할 수 있는 앱을 보여줍니다. 초반에는 가볍게 살펴보세요. 차차 운영해나가면서 필요하다고 느끼는 앱들을 연결하면 됩니다.

10. **커뮤니티 & 도움말**Community & Help: 엣시 설명서, 커뮤니티, 분쟁 케이스, 고객센터 관련 메뉴입니다.

11. **설정**Settings: 엣시 플러스 이용권 신청을 비롯해 숍 타이틀, 숍 로고, 소개 문구를 설정할 수 있습니다. 숍 공지사항과 고객이 구매를 완료했을 때, 다운로드할 때 화면에 뜨는 메시지 등을 입력할 수 있습니다. 숍 이름까지도 변경할 수 있습니다.
그 밖에 숍 관련 각종 설정을 확인할 수 있는데요. 옵션option 탭에서 주문 제작custom order 요청을 해제disable로 설정하고, 선물 포장이나 메시지도 디지털 제품에는 해당하지 않으니 해제하세요. 휴가 모드 설정, 구글 애널리틱스 연결, 데이터 다운로드, 숍 폐쇄도 여기에서 설정할 수 있습니다. 디지털 파일은 배송shipping 부분을 고려할 필요가 없으니 여기까지면 세팅 완료입니다.

한 개의 디지털 파일이 판매될 때마다 얼마의 수수료가 나가는지 궁금하시죠?

판매가 되면 기본적으로 엣시와 페이팔에서 수수료가 발생하게 됩니다. 제때 정산되지 않는다면 운영에 차질이 생길 수 있으니 주의해야 해요. 그럼 총 다섯 가지의 수수료 유형에 대해 알아볼게요.

● 리스팅 수수료

엣시 수수료에는 리스팅 수수료가 포함됩니다. 리스팅은 상품 등록을 한다는 것인데요. 판매가에 상관없이 새로운 아이템을 등록할 때마다 20센트의 수수료가 있습니다. 이 비용은 등록 시점에 청구되며, 4개월 동안 유효합니다. 이 기간 내 설정된 수량이 모두 판매된다면 자동 갱신auto-renew이 되면서 리스팅 수수료가 다시 발생합니다. 4개월 동안 판매되지 않은 채 기한이 만료되는 경우도 있겠죠. 이때 아이템을 다시 살리고 싶다면, 20센트의 리스팅 수수료를 지불하면 됩니다.

● 거래 수수료

엣시 거래 수수료는 판매 가격의 5%입니다. 아마존과 비교하면 상대적으로 낮은 거래 수수료입니다. 디지털 파일은 배송비가 없기 때문에 배송 수수료는 따로 없습니다.

● 유료 광고 비용

유료 광고를 진행한다면 광고 비용이 추가됩니다.

TIP 엣시 수수료는 숍 매니저 〉 파이낸스 〉 최근 활동(Recent activities) 리스트에서 자세하게 확인할 수 있어요!

● TAX & VAT

TAX와 VAT은 구매자의 거주지에 따라서 결정됩니다. TAX는 미국 내에서 주에 붙는 세금이고 VAT은 부가 가치세를 적용하는 국가에서 발생하는 세금입니다. 고객이 부가적으로 지불하는 수수료라 페이팔 정산 시 TAX나 VAT이 포함되지만, 엣시에서 자동으로 원천징수를 하기 때문에 신경 쓰지 않으셔도 됩니다.

● 페이팔 수수료

일반 카드 수수료와 같은 개념이라고 볼 수 있어요. 상품이 판매 되었을 때 미국 달러로 입금이 되면 금액의 4.4%+0.30센트를 수수료로 내게 됩니다.

여기서 계산하기 편한 엣시 수수료 계산기 링크를 소개할게요. 판매가 selling price에는 가격을, 배송비shipping charge에는 0을 입력합니다. 결제 수단payment method은 '페이팔 인터내셔널'로 체크해주세요! 만드는 데 든 비용도 0으로 넣으면 자동으로 수수료가 계산됩니다. 엣시 거래 수수료

Etsy transaction fees는 엣시에 내는 수수료를 모두 더한 값이에요. 리스팅 수수료 20센트와 판매가의 5%를 합친 가격입니다. 엣시 페이먼트 메뉴에서 차감되는 금액과 동일하죠. 페이팔 수수료payment processing fee는 엣시에서 확인되지 않고, 페이팔로 금액이 넘어올 때 저절로 차감됩니다. 이렇게 계산기를 이용해 내가 수수료 다 떼고 얼마 버는지 간단하게 알아볼 수 있어요.

엣시 계산기

적게 일하고 많이 버는
시간 관리 요령

아이디어를 얻으려고 이곳저곳 들쑤시다가 막상 결과물은 하나도 없던 날들이 있었습니다. 컴퓨터 앞에는 앉아 있는데 도저히 진도가 나가지 않아서 답답한 마음이었어요. 정리가 필요하다는 생각이 든 어느 날, 내가 일주일을 어떻게 보내고 있는지 스케줄을 적어보았어요. 엉덩이 붙이고 앉아 있었다고 다 일하는 시간은 아니었더라고요. 경쟁 숍 벤치마킹을 하다가 인터넷 쇼핑으로 넘어가는 날도 있었고, 폭풍 리서치를 했지만 실제 디자인은 시작도 안한 아이템도 많았어요. 완성은 됐지만 미처 아이템 등록으로 넘어가지 않은 몇 십 개의 파일이 대기 중이었고요. 나름 뿌듯하게 보낸 시간이라고 믿었지만, 다시 생각해보면 '내가 저걸 왜 하고 있었지?' 의문이 드는 작업들이 꽤 있었습니다. 노마드 라이프를 영위하려면 시간 관리가 절대적으로 필요하다는 것을 깨달았어요. 어떻게 하면 더 생산성 있게 일할 수 있을지, 오랫동안 고민한 결과 제 일상 패턴을 정리시켜준 방법을 소개하겠습니다.

1. 언제, 얼마큼 일할 수 있는지 정리해보세요

그리고 내가 그중에 얼마큼 일하고 싶은지 생각해보세요. 저 같은 경우에는 번아웃이 왔다고 느껴질 때는 주 4일만, 일하는 날로 정해 놓고 있습니다. 물론 바쁜 시즌에는 일하는 시간을 늘리기도 하고요. 남에게 보여지는 스케줄이 아니니 가능한 시간들을 떠올려보세요. 출퇴근 길에 스마트폰을 하면서 보낼 수 있는 시간도 포함해서요. 무엇이든 일과 관련한 작업을 할 수 있는 시간이면 됩니다. 시즌별로 달라질 수도 있고요. 아이가 방학을 하면 전부 바뀔 수도 있어요.

2. 일을 할 때 필요한 작업과 단계를 모두 적어보세요

일을 하면서 필요했던 '할 일 리스트'들을 다 적어보세요. 초반 리서치부터 제품 등록까지 실질적으로 어떤 단계를 거치는지 모두 적어보세요.

예를 들어 제품 디자인하기, 사진 작업하기, 키워드 리서치하기, 새로운 아이템 아이디어 얻기, 만료된 리스팅 갱신하기 등등 모든 업무를 자세하게 나눠서 적어보세요. 지금은 하고 있지 않지만 앞으로 하고 싶은 작업이나 필요하다고 생각하는 작업들도 추가하세요.

그리고 나서, 내가 적은 업무가 모두 꼭 필요한 일인지 점검해보세요. 다음 그래프처럼 효과와 노력의 정도에 따라서 일의 종류를

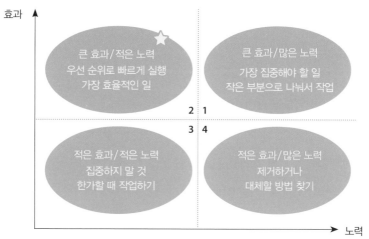

효과

큰 효과/적은 노력
우선 순위로 빠르게 실행
가장 효율적인 일

큰 효과/많은 노력
가장 집중해야 할 일
작은 부분으로 나눠서 작업

2 | 1
3 | 4

적은 효과/적은 노력
집중하지 말 것
한가할 때 작업하기

적은 효과/많은 노력
제거하거나
대체할 방법 찾기

노력

적은 노력으로 큰 효과를 얻는 일을 먼저 찾으세요.

네 가지로 나눠볼 수 있어요. 2번 영역에 있는 일, 즉 적은 노력으로도 큰 효과를 볼 수 있는 일을 우선순위에 두고 다른 일을 하기 전에 빨리 끝내는 편이 좋아요. 가장 효율적인 일이죠. 1번 영역은 우리가 가장 집중해서 해야 할 일들입니다. 큰 효과를 얻으려면 그만큼 많은 노력을 쏟아야 하는 프로젝트성 일이고요. 이 일들을 작은 부분들로 나눠서 작업하게 됩니다. 3번 영역에 있는 일, 적은 노력으로 적은 효과를 보는 일에는 너무 집중하지 말고 한가할 때나 좀 다른 일을 하고 싶을 때 하는 편을 추천합니다. 4번 영역을 차지하고 있는, 많은 노력이 들어가지만 효과는 적은 일은 리스트에서 제거하거나 대체할 다른 방법을 찾아야 합니다. 이 일에 내 시간이 매몰되지 않도록 잘 살펴봐야 합니다.

이 과정을 통해서 실제로 내 일에 꼭 필요한 업무가 얼마나 되는지, 어떤 일을 빼놓고 있었는지 혹은 어떤 일을 제거해야 할지 정리할 수 있을 겁니다.

3. 나눈 작업들을 카테고리로 묶어보세요

내가 하는 작업의 흐름을 카테고리별로 나눠보세요. 꼭 노트북으로 해야 하는 작업, 스마트폰으로 해도 되는 작업으로 나눌 수도 있고요. 빨리 끝낼 수 있는 작업과 시간이 오래 걸리는 작업으로 나눌 수도 있겠죠. 앞서 세세하게 나눈 작업들을 어떻게 덩어리로 묶을 수 있을지 고민해보세요. 저는 세 가지 종류의 카테고리를 사용하는데요. 첫 번째는 작업 카테고리예요. 리서치하고, 디자인하고, 상품 등록까지 하는 단계들이 여기에 포함됩니다. 두 번째는 관리 카테고리예요. 제품을 등록한 이후에 하는 일 즉 마케팅 분석, 고객 응대 부분이 포함됩니다.

세 번째는 꿈 카테고리예요. 제 목표 설정, 자기 계발과 관련한 일들입니다. 일에 꼭 필요한 작업보다는 내가 하고 싶은 작업들을 꿈 카테고리에 담아두었습니다. 카테고리를 설정했다면 두 번째 단계에서 찾은 모든 작업들을 카테고리에 따라 분류해보세요.

4. 이제 실제 스케줄링을 해봐요

심플하게 월요일은 작업 카테고리, 화요일은 관리 카테고리, 수요일은 꿈 카테고리 이렇게 요일별로 설정할 수도 있고요. 부업으로 하기 때문에 자투리 시간을 이용해야 하는 분들은 더 작게 쪼개서

나눌 수도 있습니다. 아이디어 구상 및 리서치 작업은 이동 시간을 이용할 수도 있겠죠. 스마트폰으로 목업 사진 작업을 할 수도 있습니다.

저는 구글 캘린더를 이용하는데요. 비슷한 성격의 작업들을 큰 카테고리로 묶어서 할 일 리스트를 만듭니다. 다른 색상으로 표시해두면 세 가지 카테고리를 어떻게 잘 분배하고 있는지 쉽게 확인할 수 있습니다.

예를 들어, 상품 등록에 필요한 키워드들을 미리 아이디어·키워드 리서치를 하는 날에 전부 찾아서 정리해놓기 때문에 실제 등록 시 입력할 연관 키워드를 찾느라 산만해지지 않고 바로 작업에 들어갈 수 있어요. 원래는 상품 등록 전에 다시 준비 단계로 돌아가서 수정도 하고 다른 아이디어로 바꾸기도 하면서 시간이 오래 걸렸는데 카테고리를 설정하게 되면서 필요한 업무를 바로 시작하게 됐어요. 결과적으로 더 생산적으로 일하고 있답니다.

5. 마지막 단계는 실천! 보이는 곳에 저장해두세요

계획을 세우기만 하고 실제로 적용하지 않는다면 아무 소용이 없겠죠. 일을 하면서 체크할 수 있도록 노트북이나 스마트폰에 저장하거나 손으로 기록해서 수시로 점검합니다. 처음에는 스케줄대로 실천하기가 쉽지 않아서 못 지킬 때가 있었는데 지킬 수 있는 방향으로 계획을 수정하고 익숙해지니까 복잡했던 업무의 흐름이 정말 많이 정리되었어요.

비즈니스에서 어느 정도 시간을 투자했다면 그에 따른 결과물이 나와야 합니다. 완성도를 고집하다 판매 시작도 못 할 수 있어요. 이렇게 작업마다 시간을 정해놓는다면 다음 단계로 더 빠르게 넘어갈 수 있습니다.

내가 정말 실행할 수 있는 현실적인 스케줄을 설정하기 때문에 실제로 지키면서 성취감도 느낄 수 있습니다. 내가 몇 시까지만 이 일을 한다는 사실을 알고 시작하기 때문에 더 집중해서 일할 수 있는 것 같고요. 고백하자면 저는 매년 다이어리를 1월만 열심히 쓰는 타입입니다. 계획 세우기와는 거리가 먼 편이거든요. 하지만 한 달 전 또는 지난 주 내 작업 상태에 따라서 스케줄을 미리 정해놓으니, 실천하면서 저절로 계획 세우는 일에 익숙해졌습니다.

여러 개의 숍을 운영하고 관리할수록 실감한 것이, 계획을 세우지 않으면 이도 저도 되지 않겠다는 점이었습니다. 나만의 시간 관리 시스템을 만들고 나서 삶이 더 풍요로워지는 것을 느낄 수 있었어요. 여러분도 꼭 실행해보세요!

꼬박꼬박 월세 받는
온라인 건물주

부동산 건물주 되기보다 쉬운 온라인 건물주 되기! 저는 여러 플랫폼에 세운 가게들을 파이프라인 삼아 매월 꼬박꼬박 온라인 월세를 받고 있어요. 플랫폼 하나가 삐끗해서 수익이 줄어들었을 때 다른 쪽에서 "괜찮아, 우리가 있잖아"라며 채워줍니다.

엣시 선배들이 항상 "Don't put all eggs in one basket!"이라고 외치더라고요. 달걀을 한 바구니에 다 넣지 마라. 한 곳에 올인하다가 숍에 문제가 생기거나 타격이 왔을 때 버티기가 힘들다는 경험에서 나온 충고입니다. 충고를 새겨듣고 시간이 날 때마다 여러 플랫폼에 도전해 각 특성에 맞추어 숍을 운영하고 있습니다. 물론 시간이 많이 걸렸지만 결론적으로 지금은 1년 동안 건드리지도 않은 플랫폼에서조차 월세가 나오고 있습니다.

그럼 어떤 플랫폼으로 파이프라인을 확장할 수 있는지 알아볼까요?

• 레드버블

여러분은 디자인만 하면 됩니다. 레드버블이 알아서 제작하고 배송해주거든요. 조건 없이 누구나 쉽게 열 수 있는 호주 플랫폼입니다. 개개인이 커미션을 정하면 가격에 반영되는 구조이나 경쟁이 있기 때문에 높은 커미션을 설정하긴 힘들어요. 셀러들은 평균적으로 17%의 커미션을 가져간다고 합니다.

• 소사이어티6

현재 30만 명이 넘는 디자이너들이 디자인을 하고 있는 플랫폼으로 미국에서 핫한 디자인들이 모두 모여 있습니다. 다양한 제품에 자신의 디자인을 입혀보세요. 커미션으로 판매가의 10%를 받습니다.

• 재즐

플랫폼에서 제공하는 전용 디자인 툴을 사용해야 한다는 것이 다른 곳과 차별화된 점입니다. 재즐 디자인 툴을 이용해서 이름이나 문구를 넣는 커스텀 주문 제작이 가능해지거든요. 새로운 툴을 익혀야 한다는 게 번거롭긴 하지만, 웨딩이나 시즌 제품에 강해서 도전해보기 좋은 플랫폼입니다. 커미션은 셀러가 설정할 수 있지만 재즐에서는 10~15%를 추천합니다.

• 크리에이티브 마켓, 헝그리제이페그

디자이너들이 상업용 소스를 찾을 때 애용하는 곳입니다. 고객의 상당수가 디자이너라는 특성 때문에 퀄리티 높은 파일 제품들이 많고 높은 가격대의 파일들도 잘 팔리는 편입니다. 라이선스 정책도 잘 정리가 되어 있어서 저작권 문제를 걱정하지 않아도 된다는 것이 굉장히 큰 장점입니다. 헝그리제이페그의 경우 판매가의 70%, 크리에이티브 마켓은 60%를 정산받습니다. 두 곳 모두 입점하려면 포트폴리오 심사를 거쳐야 합니다.

TIP 엣시 숍을 포트폴리오로 제출할 수 있습니다.

• 티스프링Teespring, 티퍼블릭Teepublic, 스레드리스Threadless

티셔츠 위주로 판매가 이루어지는 플랫폼입니다. 티퍼블릭은 판매 가격이 모두 동일해서 판매당 평균 4~5달러의 수익을 가져가게 됩니다. 티스프링과 스레드리스는 셀러가 가격을 정한 후에 제품 가격을 제외한 수익을 가져갑니다.

• 에센스다

쿠션, 벽시계, 머그잔, 포스터, 스마트폰 케이스 등 여러 가지 제품을 디자인할 수 있어요. 등록 비용은 따로 없으며 디자이너 셀러로 활동해서 소비자에게 판매가 되면 판매가의 10%를 받을 수 있습니다. 예쁜 제품도 많으니까 한번 구경해보세요.

• 마플샵

굿즈에 관심이 있는 분들이라면 한 번쯤 들어봤을 거예요. 굿즈로 유명한 플랫폼입니다. 디자인을 하면 상품 제작과 배송을 대행해주는데요. 복잡한 절차 없이 나만의 상품을 만들 수 있습니다. 상품을 올린 후에 유튜브, 페이스북, 인스타그램에 쉽게 연동할 수 있다는 장점이 있습니다. 셀러 모집을 주목해보세요! 기성품보다 조금 비싸지만 대량 주문을 하지 않아도 내가 디자인한 이미지를 넣은 제품을 제작할 수 있다는 점이 무척 매력적이죠? 해외 사이트보다 더 다양한 의류와 액세서리, 반려동물 관련 용품이 있다는 점도 강점입니다. 따로 나만의 숍을 열어서 실물 판매도 할 수 있어요.

• 아이디어스

아이디어스가 처음 나왔을 때 '한국의 엣시가 나타났다!' 싶어 너무 반가웠어요. 유니크한 제품들이 넘쳐나서 저도 자주 구매하고 있답니다. 디지털 드로잉이나 캐리커처, 초상화를 디지털 파일로 보내주는 숍들도 있더라고요. 주문 제작용 상품을 기획한다면 아이디어스에서 먼저 도전해보는 것도 좋은 방법일 듯합니다.

• 냴나숍

우리나라에 이런 플랫폼이 생기다니! 해외에서는 이미 핫한, 다운로드해서 사용하는 디지털 플래너와 디지털 스티커를 판매하는 사이트입니다. 몹시도 귀여운 '다꾸' 상품이 가득한 냴나숍에 입점 문의로 문을 두드려보세요.

• 네이버 스마트스토어

네이버 스마트스토어를 통해서 디지털 파일을 판매하는 숍들도 있습니다. 디지털 제품을 다운로드할 수 있는 기능이 없어서 구매자에게 이메일로 디지털 제품을 전송해준 후에 배송 완료 처리를 하는 시스템으로 운영되고 있습니다.

플랫폼마다 모두 다른 디자인을 올릴 필요는 없습니다. 플랫폼에서 독점적인exclusive 디자인을 판매해야 한다고 특별히 명시하는 경우 외에는 다른 플랫폼에 업로드한 디자인을 중복으로 올려도 괜찮거든요. 저는 같은 디자인이어도 각 플랫폼 특성에 맞춰서 조금씩 수정을 합니다. 플랫폼마다 트렌드와 주력 상품이 조금씩 다르거든요. 시간이 날 때마다 여기저기 조금씩 온라인 안에서 영역을 넓힌다면 투자금 없이도 이렇게 파이프라인을 늘릴 수 있답니다.

Chapter 5

절대
실패하지 않는
실전 노하우

안 팔리는 것들의 비밀

"판매량이 늘지 않아요."

"제 숍을 보시고 피드백 좀 해주세요."

첫 아이템을 올리고 한 시간 만에 짠! 첫 고객이 나타나주면 좋으련만 현실은 그렇지 않습니다. 시작하는 숍들은 많지만 성공까지 가는 숍들이 많지 않은 이유는, 아마 초반부터 조급한 마음을 먹고 쉽게 좌절해버렸기 때문일 거예요.

하지만 지금 월 1000만 원을 벌고 있는 숍들이 첫 달부터 1000만 원을 벌었을 리는 없습니다. 당연한 거라고 마음을 느긋하게 먹되, 안 팔리는 요인을 하나씩 찬찬히 제거해 나가봅시다.

• 파일의 개수가 너무 적어서

판매가 잘 안 된다고 고민하는 분들께 "파일 몇 개 올리셨어요?" 라고 여쭤보면 "3개요…" 하고 말끝을 흐리시는 경우가 많더라고요. 이는 유튜브 영상 1개로 떡상하거나 블로그 글 5개로 파워블로거 가 되는 것만큼 어려운 일입니다. 잠자고 있을 때도 돈이 들어오려 면 일단 아이템이 많아야 합니다. 전 새로운 플랫폼에 도전할 때 적 어도 그 숍이 꽉 차 보일 정도로 아이템을 채운답니다. 이제 포기해 야하나 싶을 때 꼭 판매가 시작되더라고요. 무조건 많이 올리면 된 다는 의미가 아닙니다. 하지만 1개의 아이템이 100명에게 노출되는 빈도와 100개의 아이템이 100명에게 노출되는 빈도는 다르겠지요.

• 섬네일이 매력적이지 않아서

같은 옷을 파는 쇼핑몰이어도 유독 더 예뻐 보이는 쇼핑몰이 있 습니다. 당연하겠지만, 바로 사진 때문입니다. 내 섬네일이 클릭을 부르는 섬네일이 맞는지 다른 숍들과 비교해보아야 합니다. 내 숍의 사진만 봤을 때에는 좋아 보여도, 한 페이지에 50개가 되는 섬네일 들과 같이 있을 때는 빛나지 않을 수도 있습니다. 섬네일의 홍수 속 에서 살아남는 법을 연구해서 클릭을 끌어내도록 퀄리티를 높여야 합니다.

• 설명에 중요한 부분이 빠져서

고객들이 필요로 하는 정보가 빠져있을 수도 있어요. 아이템 설명에 사이즈를 넣지 않거나 파일 형식 또는 몇 개의 파일이 들어있는지 정확히 기재해야 합니다. 고객으로부터 "이거 맞나요?" 혹은 "이거 되나요?"라는 메시지가 온다면 아이템 설명에서 부족한 부분이 있다는 신호입니다. 고객이 질문한 부분을 보완해서 아이템 설명을 업데이트하세요.

• 인기 없는 아이템을 팔고 있어서

혹시 아무도 찾지 않는 상품은 아닐까요? 이미 유행이 지났거나, 지나치게 유니크해 아직 시장이 형성되지 않은 아이템일 수도 있습니다.

• 내 숍의 데이터에 무관심해서

숍을 운영한 기간이 어느 정도 지났다면 통계를 확인해 실제 데이터를 읽어야 합니다. 숫자는 정직합니다. 내가 인지하지 못한 부분을 통계가 알려줄 거예요. 나 혼자 대박이라고 생각하고 밀었던 아이템이 인기가 하나도 없을 수도 있습니다. 숫자가 알려주는 정보를 참고하지 않고 내가 원하는 방향으로만 밀어부친다면 성장하기가 힘듭니다.

• 최근 업데이트가 없어서

디지털 파일 판매가 일하지 않을 때도 돈을 벌 수 있는 수동소득이긴 하지만, 그대로 영영 멈춰 있다면 판매가 일정 이상은 늘지 않을 거예요. 새로운 흐름을 반영하는 아이템을 주기적으로 업데이트 해야 합니다. 코로나 시대 이전의 디지털 파일을 그대로 판매한다면 뒤처질 수밖에 없겠죠. 변화하는 라이프스타일을 먼저 캐치하고 내 아이템에도 적용해야 합니다. 마스크 착용을 권장하는 포스터 파일을 발빠르게 올린 어느 셀러는 엄청난 수익을 올렸다고 해요. 이미 만든 파일을 어떻게 업그레이드시킬 수 있을지 고민해보는 것도 좋습니다. 조금만 수정을 해서 새로운 아이템으로 탄생시킬 수 있으니까요.

파일 판매로 좋아하는 취미를 계속 이어나가고 싶다면 실제로 수익을 내는 것이 중요합니다. 눈에 보이는 성과가 나타났을 때 더욱 자신감이 생기고 열정도 솟아나는 법입니다. 입금 전과 입금 후가 다른 것처럼요. 알아서 손님이 찾아오길 바라는 숍보다는 필요한 고객 앞에 적극적으로 나타나는 숍이 되어야 합니다. 이 챕터에서는 수많은 셀러와의 경쟁 속에서 반드시 구매로 연결되게 하는 판매 노하우를 차근차근 알려드릴 거예요. 눈 크게 뜨고 따라오셔야 합니다!

눈에 띄어야 산다

저조한 판매로 고민을 토로하는 분들의 숍을 살펴보면, 고객이 찾아올래야 찾아올 수 없는 상황인 경우가 참 많았습니다. 전혀 노출이 되지 않았던 것이죠.

왜 아무도 찾을 수 없는 숍이 된 걸까요? 문제는 SEO, 즉 검색엔진 최적화가 안되었기 때문입니다. 아무리 매력적인 아이템이더라도 검색결과 맨 마지막 페이지에 위치한다면 구매로 연결될 수 없습니다. 사람들의 눈에 띄어야 기회가 찾아오니까요.

SEO란?

SEO는 Search Engine Optimization의 줄임말로 검색엔진 최적화. 즉 검색 결과에 잘 노출되게 하는 방법을 말합니다.

고객이 제품을 검색하면 알고리즘은 검색어에 맞는 제품들을 찾아주는데요. 이 알고리즘은 엣시 내 랭킹 시스템으로 작동한다고 합니다. 랭킹을 좌우하는 것이 바로 검색엔진 최적화입니다. 알고리즘은 수시로 바뀌기 때문에 이것이 정답이다, 하고 단언하긴 어렵습니다. 하지만 엣시에서 직접 알려준 방향과 제가 쌓아온 노하우를 합치면 여러분들도 분명 최적화에 성공할 수 있습니다.

키워드는 등록할 때만 반짝 중요한 것이 아닙니다. 베스트 키워드들을 숍 전체에 골고루 사용해야 알고리즘이 '이 숍은 이런 키워드들과 관련성이 높은 제품을 판매하는구나' 하고 인식합니다.

그럼 이 키워드들을 어디에 적용해야 할까요?

첫 번째로 숍 타이틀입니다. 숍 타이틀은 숍 이름 바로 아래에 있는 소개 글을 말해요. 숍 매니저 메뉴에서 설정할 수 있습니다. 열심히 리서치한 키워드 중에서 가장 중요한 핵심 키워드들을 사용하면 되는데요. 55자까지 적을 수 있으니 가득 채워서 써보세요. 숍 타이틀은 포털 검색 시 웹페이지 타이틀로서 적용되기 때문에 검색 결과에 크게 영향을 끼치는 부분이죠. 제품 라인을 나눠주는 섹션 이름들도 연관 키워드들로 채우면 좋습니다. 그 밖에 공지사항이나 어바웃 페이지는 옵션 사항이지만 만약 작성하신다면 키워드를 듬뿍 넣어서 연결하세요.

뭐니뭐니해도 가장 중요한 건 바로 제품 타이틀과 태그 설정입니다. 당연히 타이틀의 키워드가 검색 결과에 큰 영향을 줍니다.

- 타이틀에는 제품을 정확하게 소개하는 키워드를 사용하는 것이 좋습니다. 140자 중에 적어도 100자 이상 채우세요.
- 쉼표나 대시, 슬래시로 키워드를 보기 쉽게 나눌 수도 있어요. 하지만 엣시 알고리즘은 타이틀이 어떻게 나뉘는지에는 관심이 없고 타이틀 전체에 사용한 모든 키워드를 조합해서 결과에 반영한다고 합니다.
- 단어 첫 글자는 꼭 대문자로 하세요. 훨씬 단정해 보이고 잘 읽힙니다.
- 가장 중요한 키워드를 맨 앞에 입력하세요. 검색 결과 페이지에서는 타이틀이 한 줄로만 표시되기 때문에 뒷부분은 생략됩니다. 타이틀 키워드 중에서도 첫머리에 나오는 단어들을 큰 영향을 주는 키워드로 인식한다고 하니 앞부분을 가장 신경 써야 합니다.

태그도 타이틀과 함께 검색엔진 최적화에서 큰 부분을 차지합니다. 리서치로 찾은 키워드들과 타이틀에 사용한 키워드를 믹스 앤 매치해보세요.

태그를 넣을 때는 어떤 점을 신경 써야 할까요?

- 입력할 수 있는 태그는 모두 13개입니다. 반드시 모두 입력하세요. 절대 남기지 마세요.
- 한 태그당 20자까지 쓸 수 있습니다. 리서치한 키워드를 사용

하면 되는데요. 롱테일즈 키워드가 훨씬 효과적입니다. 인쇄용 printable보다는 인쇄용 월 아트printable wall art가 더 강한 태그인 거죠.

- 타이틀에 사용한 태그부터 중복해서 입력하세요. 그래야 알고리즘에 더 강하게 인식될 수 있어요.
- 저작권이 있는 태그는 절대로 사용하면 안 됩니다. 브랜드나 캐릭터 이름도 금지입니다.
- 단수형과 복수형을 중복으로 설정하지 마세요. 엣시에서는 s를 붙인 것과 붙이지 않은 것, 즉 단수나 복수나 SEO에 동일하게 적용한다고 합니다.

지금까지 키워드를 사용해서 검색엔진 최적화하는 방법을 살펴봤는데요. 키워드 말고 엣시 랭킹에 영향을 주는 요소로는 또 뭐가 있을까요?

엣시 랭킹 높이기

- **퀄리티:** 한마디로 방문자들이 뜨거운 반응을 보이는 숍에 높은 점수를 주는 겁니다. 구매 전환율과 연결되는 점수인데요. 만약 방문 수가 많더라도 판매로 잘 이어지지 않는다면 점수가 낮아지면서 관련 키워드에서 검색 순위가 내려갑니다.

- **카테고리:** 키워드 같은 역할을 하기 때문에 가장 상세한 카테고리를 선택해야 합니다. 아이템별로 선별한 효과적인 카테고리를 앞서 세 번째 챕터에서 소개했습니다. 그 부분을 다시 한번 확인해보세요!

- **고객 리뷰:** 숍이 얼마나 고객 응대를 잘하고 있나 평가하는 건데요. 좋은 리뷰가 생긴다면 그만큼 점수가 오를 테고 부정적인 리뷰가 생긴다면 랭킹이 내려가겠죠.

- **연관성:** 제품과 키워드 사이의 연관성도 확인해야 합니다. 제품을 명확히 잘 나타내는 연관 키워드와 카테고리를 설정할 때 높은 점수를 받을 수 있습니다.

- **최신성Recency:** 엣시에서는 새로운 리스팅을 등록했을 때 일시적인 랭킹 부스트를 얻을 수 있습니다. 부스트 효과는 고객들이 얼마나 자주 검색하는 키워드인지에 따라 몇 시간, 길게는 며칠까지 이어지기도 하는데요. 이를 제공하는 이유는 새로 올라온 제품을 고객에게 노출해서 그에 따른 반응을 보고 어떤 제품인지 리스팅 퀄리티를 판단하기 위해서라고 합니다. 최신성을 위

해서라도 꾸준하게 상품을 등록하는 것이 좋습니다. 갱신renew 역시 같은 효과를 얻을 수 있습니다.

이 다섯 가지 요소에 집중하면 좋은 결과가 있을 거예요. 여기서 또 한 가지 꿀팁을 알려드릴게요. 보통은 고객이 제품을 구매하면 해당 제품이 자동으로 갱신되고, 또한 제품이 팔렸기 때문에 구매전환율도 올라갑니다. 그 결과 엣시 랭킹이 올라가면서 계속해서 검색 결과 상위에 노출되고요. 하지만 아무래도 영 판매가 되지 않는다면, 수동으로 갱신해 노출을 유도하는 방법도 있습니다. 저는 종종 판매되지 않은 아이템들의 타이틀이나 태그, 제품 사진을 재정비한 다음 수동으로 갱신해서 다시 살려봅니다. 아이템 심폐소생술이라고나 할까요? 실제로 갱신 당일부터 며칠 동안 유입은 물론 판매도 증가하는 것을 경험할 수 있었습니다.

매출을 끌어올리는
설득의 기술

"투 플러스 원 상품입니다!"

편의점 계산대에서 자주 들리는 소리입니다. 분명 한 개만 사려고 했는데 어느새 세 개를 손에 들고 나간 경험, 누구에게나 있을 거예요. '3개 사면 33% 할인해드립니다'라는 것보다, '2개를 사면 1개를 덤으로 드려요'라고 광고할 때 더 솔깃하지 않나요? 결국 내는 돈은 같은데 말이죠. 이렇듯 고객이 이전에 구매한 상품보다 더 비싼 상품을 사도록 유도하는 방법을 업셀링이라고 합니다. 주로 저렴한 가격의 상품군에서 많은 재고를 처리할 때 이런 전략을 사용한다고 합니다.

디지털 파일이라면 재고는 무한합니다. 재고를 아낄 필요가 없어요. 가격도 부담스럽지 않아요. 손에 잡히는 물건도 아니고 배송비도 없어서 고객은 '플러스 원'이라는 조건에 더 쉽게 설득당합니다.

파일은 어떻게 팔든 팔리는 대로 많이 파는 것이 이득이라는 사실을 기억하세요.

TIP 1+1의 경우 2개를 구매하면 50% 세일을 적용하는 것입니다. 세일을 진행하는 상품의 가격이 모두 동일해야 할인율을 정확하게 적용할 수 있어요.

이번에는 세트 상품을 제작해볼까요?

방법은 간단합니다. 비슷한 카테고리의 파일들을 묶어서 세트 상품으로 새롭게 판매하는 것이에요. 대신 파격적인 할인율을 제시해야 합니다. 가격적인 메리트가 없다면 세트 상품이 그리 매력적이지 않겠지요. 디지털 파일은 하나를 팔건 세트를 팔건 조금이라도 더 비싼 제품을 파는 것이 유리합니다. 단품으로 구매하는 것과 세트로 구매하는 것의 가격 차이가 크지 않을 때 고객의 지갑을 열 수 있어요. 많은 파일을 너무 저렴한 가격에 주는 것 같아 속이 쓰리지만 고객이 다른 숍에서 제공하는 혜택을 보고 넘어가 버린다면 그게 더 손해니까요. 동일한 파일을 반복해서 구매하러 오는 고객은 없습니다. 그러니 한번 방문했을 때 비싼 상품을 사도록 설득하는 것이 좋겠지요. 단품 페이지에서도 더 좋은 혜택의 세트 상품이 있다는 사실을 꼭 알리세요.

TIP 예시: '이 상품은 ○○세트에 포함되어 있습니다. 세트로 구매하시면 40% 절약할 수 있어요!'

다음은 매칭 아이템입니다. 말 그대로 고객이 관심을 가질 만한 상품을 추천하는 것인데요. 자기 자신에게 질문해보세요. "나라면 어떤 상품을 함께 구매하고 싶을까?" 고객이 특정 상품을 함께 사려고 방문한 것이 아니더라도 좋은 아이템을 추천받는다면 함께 구매할 확률이 높아집니다. 함께 사용하기 좋은 상품을 구성해보세요. 위클리 플래너를 보고 있는 고객이라면 데일리 플래너, 운동 플래너 같은 아이템에도 관심이 있을 가능성이 있겠죠. 상품 이미지를 이용해서 매칭 아이템을 소개해주는 방법 또는 상품 설명에 링크를 추가로 넣어서 '추천 상품' 클릭을 유도하는 방법을 시도해볼 수 있습니다. 여러 숍을 샅샅이 비교하고 파고들어 쇼핑에 많은 시간을 할애하는 사람도 있지만, 한 숍에서 쇼핑을 마무리하고 싶어 하는 사람들도 많아요. 제가 효과를 가장 많이 본 전략입니다. 함께 팔면 좋을 상품들을 미리 기획해서 의도적으로 디자인하거든요.

TIP 예시: '할로윈 파티를 준비하시나요? 함께 사용할 수 있는 할로윈 파티 상품을 확인해보세요!'

위 전략들을 성공적으로 이끌기 위해서는 고객에게 현재 진행중인 프로모션을 반드시 알려야 합니다. 숍 메인 페이지, 배너, 상품 사진, 상품 설명, 소셜미디어 등을 통해 가능한 한 많은 곳에 노출하세요. 언제 어떻게 마케팅을 진행할지는 이어서 소개할 세일과 쿠폰 설정을 통해 구체적으로 계획할 수 있습니다. 처음에 시작할 때 세팅을 꼼꼼하게 해놓는다면 이후에 따로 손대지 않아도 될 만큼 편리합니다.

잠재 고객에게 적극 어필하라

플랫폼 전용 마케팅 툴이 있다는 건 엣시의 엄청난 장점입니다. 이 툴을 활용해 엣시 내에서 시도할 수 있는 세일, 광고, 쿠폰 등의 마케팅 방법을 알아보겠습니다. 이메일 주소를 수집해서 영어로 쓴 이메일을 자동 전송하고, 세일 알람을 보내는 등 일일이 마케팅한다는 게 쉬운 일이 아닙니다. 하지만 엣시에서는 이 모든 것이 가능하죠. 간단한 툴로 기본적인 세일, 쿠폰, 광고 등을 설정할 수 있으니까요.

• **사용 메뉴:** 숍 매니저˚ › 마케팅 › 세일즈 앤 쿠폰
'뉴 스페셜 오퍼'를 클릭하면 세 가지 마케팅을 확인할 수 있습니다. 세일 기획, 관심을 보인 고객에게 오퍼하기interested shoppers offer 그리고 쿠폰coupon입니다.

세일 기획하기

최소 주문액, 최소 주문 개수, 세일 적용 품목, 국가별 세일, 세일 진행 기간 등 다양한 조건을 간단하게 설정할 수 있습니다. 할인율은 10%부터 70%까지 적용 가능하며 최대 30일 동안 진행할 수 있습니다. '세일 중인 상품만 보기'로 필터링해 쇼핑을 하는 고객들이 있기 때문에 가격이 같더라도 세일이 들어가는 상품들이 더 유리해요. 디지털 판매의 경우 배송비나 제작비로 손해를 보는 것이 아니기 때문에 평소에도 세일을 진행하는 것이 부담스럽지 않더라고요.

TIP 항목 설정하기 도움말

• 최소 주문액(Quantity): 특정 금액 이상 구매하는 고객에게만 할인이 적용됩니다.
• 최소 구매 개수(Order total): 몇 개 이상 사야 할인이 적용되는지에 대한 조건입니다.
• 세일 기간(Duration): 최대 30일까지 설정할 수 있습니다.

일 년 중 가장 큰 세일은 블랙 프라이데이입니다. 보편적으로 가장 큰 세일을 기준으로 최대 할인가를 정하면 시즌 세일이나 일반 세일에 할인율을 어떻게 지정할지 감을 잡을 수 있을 거예요. 물론 그때그때 가격을 올렸다 내렸다 바꿀 수도 있어요.

특별 쿠폰 발행하기

상품을 장바구니에 넣은 고객abandoned cart, 좋아요를 누른 고객 recently favorited, 상품을 구매한 고객에게 특별 쿠폰을 발송할 수 있

습니다. 좋아요를 누르거나 장바구니에 넣었다는 건 여러분의 상품
에 그만큼 관심이 있다는 겁니다. 내 숍에 반응을 보인 잠재 고객에
게는 더 적극적으로 다가가야겠죠. 할인 쿠폰과 일정 금액을 차감해
주는 옵션 중 하나를 정하고 쿠폰 이름을 설정하면 엣시가 자동으
로 고객들에게 세일 쿠폰을 보냅니다. 고객은 카트에 담아둔 아이템
을 할인된 가격에 살 수 있다는 쿠폰을 이메일로 받고 지난번에 본
그 아이템이 떠올라 여러분의 숍을 다시 찾겠죠. 이 쿠폰들은 모든
고객에게 발송되는 것은 아닙니다. 프로모션 메일 전송 동의를 한
사람에게만 발송됩니다.

제 숍의 경우 감사 쿠폰의 효과가 가장 좋았어요. 고객이 상품을
구매하고 24시간 이후에 자동으로 받도록 설정해둔 쿠폰입니다.

쿠폰 만들기 메뉴에서 '감사 쿠폰으로 보내기Send as a thank you'에
yes에 체크하면 설정하는 쿠폰이 감사 쿠폰으로 발송됩니다. 고객
이 여러분의 상품에 만족했다면 쿠폰을 받고 또 재구매를 할 가능
성이 높아요.

TIP 세일은 설정해놓은 조건에 맞는 모든 고객에게 자동으로 적용되는 반면, 쿠폰은
반드시 쿠폰 코드를 입력한 고객만 사용할 수 있습니다. 그래서 숍 배너, 상품 설
명, 상품 사진에 쿠폰 코드를 노출해 광고하는 경우도 흔하게 볼 수 있어요.

유료 광고

엣시 검색창에서 'AD마크'가 붙어 있는 게 유료 광고를 진행하고

있는 상품이에요. 광고가 많이 들어갈 경우에는 한 페이지에 30% 정도가 광고 상품으로 구성됩니다. 하루에 최소 1달러부터 최대 50달러까지 광고비를 정할 수 있습니다.

천천히 시작해도 됩니다. 저도 일정한 수익이 난 다음에 한 달 수익의 몇 퍼센트를 유료 광고에 사용할지 결정하고 진행하기 시작했으니까요(광고보다 SEO가 우선입니다). 검색엔진 최적화가 제대로 이루어져야 광고가 나갈 때도 알맞은 키워드에 노출된다는 점을 기억하세요. 가끔 유료 광고임에도 불구하고 검색엔진 최적화를 신경 쓰지 않아서 전혀 관련이 없는 카테고리나 키워드에 노출되는 걸 보면 너무 아쉽더라고요.

저는 보통 숍마다 평균 판매량에 따라서 하루 1달러부터 최대 3달러까지로 예산을 잡아놓고 유료 광고를 돌리고 있습니다. 1년 내내 켜놓는 것은 아니고 아이템에 따라 효과가 있는 시즌에만 진행하고 있답니다.

외부 광고

외부 광고off-side ads는 엣시가 구글, 페이스북, 인스타그램, 핀터레스트, 트위터 등 외부에 광고를 해주는 대신 광고비를 판매 수익에서 떼어 가져가는 방식입니다. 연 매출 1만 달러 이하 숍은 수수료로 15%를, 그 이상은 12%의 광고비가 적용됩니다. 판매가 되지 않으면 내는 비용이 0원이기 때문에 손해볼 일은 없어요. 외부 광고는 설정에 들어가서 끄지 않는 이상 자동으로 진행됩니다.

혼자 힘으로 구글, 페이스북, 인스타그램, 핀터레스트에 유료 광고를 하는 건 전문가가 아닌 이상 불가능합니다. 페이스북 유료 광고는 저도 해봤지만 복잡한 설정이 너무 많아서 어렵고, 노출만 돼도 혹은 클릭만 해도 광고비가 나가기 때문에 쉽게 도전하기 어렵습니다. 그 부분을 엣시가 대신해서 해준다고 생각하면 됩니다. 엣시가 복잡한 과정을 대신 해주지만 판매로 직접 연결됐을 때만 광고비를 받는 거니까요! 단순하게 클릭했다고 우리가 돈을 내는 게 아니에요. 엣시의 외부 광고 링크를 클릭한 고객이 30일 안에 구매할 경우에 외부 광고 판매로 인정이 되면서 판매액에 따라 15%의 광고비를 내면 됩니다. 외부 광고 효과로 주문이 들어온다면 숍의 구매 전환율도 올라가고 결과적으로 품질 지수가 올라가며 노출이 더 잘 되겠죠. 실제로 유료 마케팅을 진행하고 있던 셀러들은 너무나 반가워하는 기능입니다.

TIP 외부 광고를 진행하고 싶지 않다면
Shop Manager 〉 Setting 〉 Offsite Ads에서 Stop promoting my products 를 클릭하세요.

노출을 도와주는 황금 키워드

저의 엣시 숍 운영 노하우를 듬뿍 담아 야심차게 준비한 코너입니다. 오랫동안 숍을 운영하면서 차곡차곡 쌓은 고급 정보들을 낱낱이 풀어낼 예정이니 집중해서 읽어주세요.

브레인스토밍으로 키워드를 찾자

처음부터 영어 키워드를 찾는 게 쉽지 않을 수 있습니다. 하지만 내 아이템을 설명하는 데 사용하는 키워드는 생각보다 그리 많지 않습니다. 반복해서 쓰는 키워드와 새로 찾은 키워드를 조합하기 때문인데요. 열심히 리서치하면서 찾은 연관 키워드들을 다양하게 조합해보는 겁니다. 내가 판매하는 제품과 관련 없는 단어들은 무시하고 필요한 단어들만 반복해서 보다 보면 단어가 금방 눈에 익을 겁니다.

앞 장에서 엣시 자동 검색어를 확인하면서 키워드 찾는 방법을 살펴봤는데요. 이번 장에서는 브레인스토밍과 분석 툴을 이용해서 키워드를 찾는 방법을 자세히 소개하겠습니다.

아이템을 가장 잘 아는 사람은 바로 아이템을 기획한 본인입니다. 분석 시스템은 사용자가 필요로 하는 결과를 알려줄 수는 있지만 대신 고민해주지는 않죠.

브레인스토밍을 할 때는 아래의 다섯 가지 요소를 기준으로 생각해야 합니다.

- 어떤 제품인지
- 타깃은 누구인지
- 어디에서 사용하는지
- 언제 사용하는지
- 어떻게 차별화되는지

동물 그림 색칠 공부를 판다고 가정해보겠습니다.

1. 이 제품은 어떤 제품일까요?

색칠 공부를 영어로 뭐라고 표현하는지 확인하기 위해 검색창에 컬러링이라고 입력해서 자동 완성 검색어들을 살펴봤습니다. 컬러링 페이지coloring pages, 컬러링북coloring book, 컬러링 시트coloring sheets라고 부르네요.

2. 어떤 구매자를 대상으로 한 제품일까요?

아이들이 색칠놀이를 할 수도 있으니까 어린이kids, children라는 키워드가 들어갈 수 있고요. 동물 디자인이 들어갔으니 타깃을 조금 더 세분화해서 동물애호가pet lovers, 또 컬러링이 취미인 어른들adults이 대상일 수도 있겠네요. 먼저 찾은 단어와 조합해서 '키즈 컬러링북kids coloring book', '어른들을 위한 컬러링북adult coloring book'으로 키워드를 확장할 수 있습니다.

3. 어디에서 쓸 만한 제품일까요?

홈스쿨링이나 학교 수업, 실내 활동을 할 때 사용하면 좋을 듯합니다. 홈스쿨 파일homeschool printable, 학교 활동 파일school activities printable이라는 키워드에도 적용될 수 있습니다.

4. 언제 사용할까요?

특별한 이벤트나 공휴일에 쓸 수 있을까요? 동물 테마가 어느 이벤트에 쓰이나 생각해봤는데요. 아이들의 생일 파티나 아기가 태어나기 전에 하는 베이비 샤워에 많이 사용되네요. 우리나라에서는 베이비 샤워 개념이 낯설지만, 미국이나 캐나다 등 영미권 문화에서는 생일 파티를 하듯 아이를 낳기 전에 모든 사람이 하는 파티랍니다. 엣시 전체 고객에서 영미권 인구가 가장 큰 비중을 차지하는 만큼

키워드 브레인스토밍

WHAT
어떤
제품인가요?

WHO
누가
타깃인가요?

WHERE
어디에서
사용하나요?

WHEN
언제
사용하나요?

HOW
어떻게
다른가요?

다섯 가지 요소를 생각하며 키워드를 찾아보세요.

해당 문화 고유의 특성이나 이벤트를 조사해 작업에 반영하면 더 많은 타깃층을 확보할 수 있습니다. 베이비 샤워, 브라이덜 샤워, 교회 침례식baptism, 부활절, 추수감사절, 어머니날Mother's day… 떠올린 키워드를 조합해서 '베이비 샤워 컬러링baby shower coloring', '생일 컬러링birthday coloring'으로 키워드를 정할 수 있습니다.

5. 다른 제품들과 어떻게 차별화되나요?

색상이나 디자인 특징을 묘사하는 단어를 사용할 수 있어요. 컬러링은 쉽고 심플하고 재밌는 게 좋습니다. 또 동물이 들어갔으니 동물 관련 단어를 넣을 수도 있고요. 조합해서 '쉬운 컬러링 페이지 easy coloring pages', '동물 컬러링북animal coloring book'처럼 생각해볼 수 있겠네요.

이처럼 다양한 방향으로 생각하다 보면 여러 가지 키워드를 조합해내는 것이 생각처럼 어렵지만은 않다는 걸 알게 될 거예요.

내가 찾은 키워드, 이대로 괜찮을까?

이렇게 모은 키워드들을 바로 타이틀이나 태그에 섞어서 사용해도 되지만 그 전에 먼저 분석 툴을 이용해서 숍에 게시하기에 적합한 키워드인지 판단하는 방법을 알려드릴게요. 이용하는 툴은 앞에서 몇 번 등장한 이랭크입니다. 저는 유료 버전으로 업그레이드해서 더욱 상세한 정보를 얻고 있습니다만, 무료 툴로도 충분히 값진 자료를 얻을 수 있습니다. 이랭크는 엣시 전용 SEO 리서치 툴입니다. 이랭크는 키워드의 검색률, 클릭률, 경쟁률, 평균 가격대, 많이 쓰는 태그 등 검색 결과에 노출이 잘되게끔 도와주는 자료를 전부 제공한답니다.

그럼 이랭크닷컴erank.com에 접속해보겠습니다. 우측 상단에 있는 등록register 버튼을 클릭해서 가입한 다음 로그인하세요. 엣시 숍을 연결해야만 사용할 수 있는 기능들이 많으니 먼저 숍 연결부터 합니다. 연결되었다는 메시지가 나오면 성공입니다.

상단 메뉴에 숍의 판매 현황을 알려주는 대시보드dashboard, 상품 등록에 대한 피드백을 주는 리스팅listings 메뉴가 있습니다. 내 숍에 관한 정보들을 주는 숍shop 메뉴와 경쟁자들을 살펴볼 수 있는 경쟁 상대competition 메뉴도 있습니다. 우리가 가장 주목해야 하는 메뉴

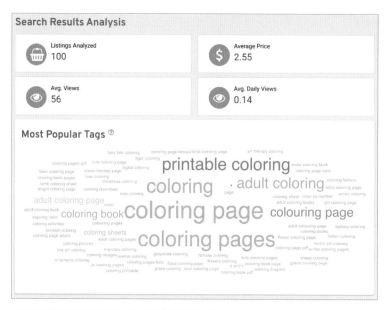

이랭크 분석을 통해 키워드 아이디어를 얻을 수 있어요.

는 바로 도구tools 중에서도 키워드 툴keyword tool입니다.

> **TIP** 무료버전에서는 키워드 툴에서 하루에 50개의 키워드 검색이 가능합니다. 미국 동부 시간 기준으로 자정에 리셋됩니다.

그럼 키워드 검색창에 아이템 키워드 컬러링 페이지coloring pages 를 넣고 검색해보겠습니다. 총 4가지 통계 수치가 나옵니다.

- **Average Searches**: 엣시에서 1년 동안 평균 검색되는 횟수
- **Average Clicks**: 키워드 검색 후 제품을 클릭한 횟수
- **Average CTR**: 키워드 검색 후 제품을 클릭하는 비율
- **Etsy Competition**: 검색결과로 나오는 제품 수

키워드 아이디어 섹션Keyword Ideas에서는 더 자세한 통계들을 알 수 있습니다. 기본적으로 태그 빈도수가 가장 높은 순서로 키워드가 정렬됩니다. 빨간색으로 표시된 부분은 경쟁률이 치열하다는 것을 보여주는데, 이미 알고 있는 식상한 키워드일지 모르니 초록색을 띠고 있는 부분부터 주목해봅니다. 그 다음으로 경쟁률이 높은 키워드 중에 내 제품과 관련성이 높은 알맞는 키워드들을 선별하면 됩니다.

아래 결과 분석 섹션에서는 검색 결과 초반 100개의 아이템을 분석한 통계를 볼 수 있습니다. 많이 사용되는 태그Most Popular Tags 부분을 꼭 확인해주세요. 나와 같은 아이템을 판매하는 셀러들이 사용하는 태그를 한눈에 파악할 수 있는 핵심 섹션입니다. 많이 사용되는 카테고리Most Popular Categories를 확인하면 제품 등록할 때 셀러들이 어떤 카테고리로 설정하는지 알 수 있습니다.

이렇게 무료로 결과를 딱딱 보여주는데 이 자료들을 사용하지 않을 이유가 없겠지요. 다른 셀러들이 어떤 제품 사진, 타이틀, 태그를 썼는지 한눈에 볼 수 있는, 정말이지 입이 마르도록 칭찬을 하고 싶은 유용한 툴입니다. 이랭크의 유료 버전은 월 9.99달러로 만 원이 조금 넘습니다. 유료 버전으로 업그레이드하면 무료 버전에서 공개하지 않는 데이터는 물론 상대를 더 디테일하게 분석하는 기능, 또 다른 소셜미디어나 아마존, 구글에서 사용하는 키워드를 함께 찾아주는 기능 등이 추가됩니다. 처음 시작하는 분들은 무료 툴만 사용해도 충분합니다.

이외에도 구글, 엣시, 핀터레스트의 자동 검색어, 연관 검색어들을 리서치하는 방법으로도 많은 인사이트를 얻을 수 있어요. 키워드 리서치는 판매와 직접적으로 연결되기 때문에 꼭 시간을 내어 직접 투자해야 한다는 사실을 잊지 마세요!

이미지만 공유해도
글로벌 고객이 따라온다

모든 엣시 셀러들에게는 엣시 이용자들이 언제나 1순위 타깃입니다. 하지만 다른 플랫폼에서 쇼핑하는 고객들에게도 내 상품이 노출된다면 얼마나 좋을까요?

요즘 가장 많이 사용하는 SNS 광고는 인스타그램과 페이스북 광고일 거예요. 인스타그램의 해시태그를 이용해서 유입을 늘릴 수도 있고, 페이스북 페이지나 커뮤니티 그룹을 만들어서 타깃 고객에게 쉽고 친근하게 다가갈 수도 있습니다. 하지만 두 플랫폼 모두 구매를 유도하려면 영어로 계속 소통하고 설득해야 하는 부담감과 큰 효과를 위해 유료 광고를 함께 진행해야 한다는 압박 때문에 쉽지가 않더라고요. 그럴 때는 어디서 홍보하는 것이 좋을까요? 바로 핀터레스트입니다.

엣시 셀러에게 핀터레스트 마케팅은 더 이상 선택이 아닌 필수입

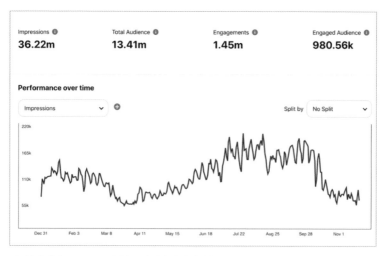

Impressions ⓘ	Total Audience ⓘ	Engagements ⓘ	Engaged Audience ⓘ
36.22m	**13.41m**	**1.45m**	**980.56k**

Performance over time

단지 '저장'만으로 3000만 뷰 트래픽이 유입되었습니다.

니다. SNS 마케팅 중에 가장 큰 효과를 볼 수 있는 곳이기 때문이에요. 핀터레스트는 방대한 이미지 자료들로 이루어진 비주얼 검색 엔진이라고 생각하면 됩니다. 전 세계 디자이너, 포토그래퍼, 일러스트레이터 등 이미지를 다루는 크리에이터 직군 종사자는 물론 양질의 비주얼 레퍼런스를 찾는 기획자, 마케터, 홍보 담당자 그리고 패션, 인테리어, 푸드 스타일링, 웨딩 등 특정 관심사의 트렌드를 파악하고자 하는 사람들까지 수많은 이용자가 상주하고 있습니다.

위 그래프는 저의 통계 자료입니다. 핀터레스트 습관화로 올해에만 3000만 뷰의 트래픽이 유입되었어요. 영어로 되어 있어서 뭔가 거창해 보이지만 사실 제가 한 일은 많은 핀들을 '저장'한 것밖에 없습니다. 돈 안 드는 마케팅이 어딨냐고요? 바로 여기 있습니다! 무료로 이렇게 많은 트래픽을 가져올 수 있다니 더할 나위 없는 플랫폼입니다. 절대 놓치지 마세요.

1. 핀터레스트 가입하기

www.pinterest.co.kr에 접속해서 회원 가입Sign up을 하세요.

이메일 등 간단한 정보를 입력한 후 관심 있는 분야를 선택하면 가입 완료입니다.

2. 보드 생성하기

쉽게 말해 내가 저장하고 싶은 이미지들의 그룹을 만드는 거예요. 핀 추가Add pin 버튼을 클릭한 다음 우측 상단에 있는 선택Select을 누르면 Create board라는 버튼이 보입니다. 버튼을 눌러 보드를 생성하세요. 이름은 내 상품과 연관성이 가장 높은 실제 검색 키워드를 사용하는 것이 좋습니다. 생성Create 버튼을 누르면 완료입니다.

3. 이미지 정보 채우기

• 핀터레스트의 이미지 최적 비율은 2:3이므로 이에 맞춰 만드는 게 좋습니다. 챕터 2에서 소개한 캔바를 사용하면 편리하게 핀터레스트용 템플릿으로 핀을 디자인할 수 있어요.

• 타이틀은 상품 타이틀 그대로 사용해도 되고 키워드를 나열하는 대신 한 문장으로 깔끔하게 정리하는 것도 좋습니다.

• 핵심 키워드들을 넣어서 핀을 설명하세요. 저는 설명에 엣시 타

이틀을 복사해서 그대로 붙여넣기하는데요. 팁을 공개하자면 추가로 인스타그램처럼 해시태그를 몇 개 더 입력합니다.

- 마지막으로 핀 주소에는 상품 링크를 복사해서 붙여넣습니다.

더 간단한 방법을 살펴볼까요? 엣시에서 바로 핀으로 저장하는 방법도 있습니다.

1) 엣시 숍에서 저장하고 싶은 본인의 상품을 클릭하세요.
2) 상단에 핀터레스트 공유 기능이 있습니다. 핀터레스트 아이콘 옆 저장save을 클릭하고 원하는 보드를 선택하면 성공입니다.

너무 간단하죠. 엣시 정보를 자동으로 불러오기 때문에 따로 수정할 필요도 없습니다.

모든 품목을 이렇게 간단하게 한 번씩 저장만 해준다면 생각보다 큰 마케팅 효과를 볼 수 있습니다. 저는 이런 식으로 보드를 만들어서 내 리스팅 핀을 저장하고, 기타 다른 관련 핀들을 저장하다 보니 매달 20%에 달하는 유입이 핀터레스트를 통해서 발생하고 있습니다. 핀터레스트 유료 광고를 한 번도 진행하지 않고도 말이에요. 이제 핀터레스트는 전자 상거래 시장에서 반드시 활용해야 하는 필수 툴로 자리잡았습니다.

선택받는 대표 이미지를
설계하라

유튜브 자주 보시나요? 유튜브에서는 영상에서 전달하고자 하는 바를 하나의 이미지로 나타낸 섬네일thumbnail이 핵심적인 역할을 합니다. 조회수를 끌어올리는 섬네일을 디자인하는 것이 영상을 잘 만드는 것 못지않게 중요한 전략이라고 할 정도니까요.

이는 인터넷과 모바일로 이루어지는 모든 온라인 쇼핑에서도 마찬가지입니다. 엣시의 경우 상품 하나당 최대 10개의 이미지를 넣을 수 있습니다. 그중 첫 번째에 위치하는 이미지가 검색 결과에서 섬네일로 보여집니다. 당연히 다른 이미지들보다 중요하겠지요. 고객이 클릭을 해야 나머지 제품 소개 이미지도 볼 수 있으니까요. 그러므로 섬네일을 디자인할 때 그야말로 심혈을 기울여야 합니다. 상품 사진 중에 단순히 하나를 고르는 것이 아닌, 처음부터 섬네일을 염두한 이미지를 기획해야 좋은 섬네일이 만들어집니다.

다음 두 가지를 꼭 기억하세요.

예쁜 것보다 잘 보이는 것이 중요하다

뭘 파는지는 알겠으나 디자인이 잘 보이지 않는다면 고객은 더 눈에 띄는 다른 상품을 선택합니다. 섬네일에서 디자인이 잘려 있거나 너무 작게 보이는 경우들이 종종 눈에 띄는데요. 내가 보여주고자 하는 부분을 크게 잘 부각해야 합니다.

예를 들어 아이 방 포스터를 판매하기 위해 예쁜 액자가 있는 목업 사진을 찾는다고 해볼게요. 왼쪽에는 아이 침대와 텐트가 자리하고 오른쪽 구석에 예쁜 액자가 있는, 북유럽 감성의 사진을 발견하고는 전체적인 분위기가 너무 맘에 들어 충동구매했다고 가정해봅시다. 그런데 정작 섬네일을 만들고 보니 가장 중요한 액자가 너무 작아 클릭해서 큰 사이즈로 보지 않으면 액자 속에 어떤 포스터가 들어 있는지 도무지 알 수가 없는 상태입니다. 사진 속 침대와 텐트의 예쁜 장식들이 화면 밖으로 밀리는 건 아쉽지만 그래도 섬네일에서는 판매하고자 하는 대상의 디자인을 제대로 보여줘야 합니다.

즉 섬네일용 목업을 선택할 때는 실제 고객에게 보여주고자 하는 부분이 섬네일상에서 어떻게 보이는지에 집중하셔야 합니다. 그래서 저는 엣시 섬네일 비율인 5:4 비율로 잘랐을 때 어떻게 보이는지 미리 확인해본 후 이미지를 구매합니다.

추가 정보를 이미지에 녹여라

착오 없는 구매를 위해 추가 설명이 필요할 때가 있습니다. 특히 디지털 파일의 경우 실제 배송되는 제품이 아니라는 점을 이미지에서부터 알려줘야 하는 경우가 많은데요. 예를 들어 인형 도안을 판매하는 경우 섬네일에는 도안 자체가 아닌 완성작 사진을 올리게 되는데 이를 보고 고객들은 실제 인형을 배송해준다고 생각할 수 있어요. 이미지에 '패턴'이라고 도장을 쾅 찍어놓는다면 오해가 없겠죠. 그 외에도 '즉시 다운로드', '오늘 바로 프린트하세요!', '12가지 사이즈 제공' 등 고객의 눈길을 사로잡을 수 있는 요소가 있다면 섬네일 안에 잘 녹여내세요. 물론 너무 많은 정보들을 넣는다면 오히려 눈이 피로해지겠죠. 한두 가지만 뽑아서 최대한 깔끔하게 정리해봅시다. 너무 크게 넣어서 상품을 가리면 안 되고요. 내가 판매할 상품 디자인을 방해하지 않을 정도로만 사용하세요. 물론 아이템에 따라서 강조할 수 있는 부분들은 각각 다르며 아무 글자도 들어 있지 않은 섬네일이 더 매력적인 경우도 있습니다.

섬네일에서 알릴 필요가 없는 추가 사항들은 섬네일이 아닌 제품 상세 이미지에 넣어주세요. 상세 이미지는 제품 사진만 보여주는 곳이 아닙니다. 상세 이미지를 활용해 마케팅 효과와 정보 전달 효과도 볼 수 있어요. 사이즈를 한눈에 정리한 이미지를 추가할 수도 있고, 쿠폰 코드를 넣어서 홍보할 수도 있죠. 설명을 제대로 읽지 않는 고객들도 의외로 많기 때문에, '배송이 되지 않는 상품입니다', '액자 프레임은 포함되지 않습니다', '2+1 세일 코드: XXXX' 등 중요한 정보를 이미지로 더 강하게 각인시킬 수 있습니다.

섬네일은 클릭률을 좌지우지하는 것은 물론 판매로 이어지는 첫 단계입니다. 외면당하지 않고 선택받는 섬네일을 만들기 위해 꾸준히 연구하세요.

앗, 영어로
컴플레인이 들어왔어요

5000원짜리 파일을 환불해주지 않고 버티다가 별 1개짜리 리뷰를 받는다면…?

소탐대실하는 우를 범하지 마세요. 물론 '파일을 다운받고 먹튀한 느낌'을 지울 수는 없습니다. 하지만 좀 다르게 생각해보자고요! 이 고객이 내 제품을 사지 않더라도 내가 손해볼 것은 없습니다. 예전에 올려놓은 파일이 자동으로 판매된 것이니까요. 5000원이 자동으로 들어온다면 당연히 좋은 일이지만, 안 들어왔다고 내가 일한 것에 대한 대가를 떼이는 시스템은 아니지요. 그런데 별 1개짜리 리뷰를 받는다면 숍의 손해가 맞습니다. 이런 경우에는 어떻게 해야 할까요?

고객이 메시지로 환불을 요구한다면 차라리 크게 걱정할 상황은 아닙니다. 적어도 판매자와 해결하려는 의지가 있다는 뜻이니까요.

파일을 출력하는 과정에서 문제가 생긴 경우라면 문제가 있는 부분을 촬영하여 보내달라고 요청해보세요. 프린터 설정이 어떻게 되어 있는지 찍어서 보내달라고 해서 해결한 경우가 있습니다. 만약 단순 변심으로 환불을 요구하는 고객과는 협상을 시도해볼 수 있어요. "이미 다운로드한 것으로 나오는데 원래 환불은 안 되지만, 50% 환불은 어떨까?" 하지만 "아니, 나는 100% 환불받고 싶다!"라고 강력하게 주장한다면 더 설득해도 소용없을 거예요. 이렇게 열심히 메시지로 환불을 요청하는 환불원정대는 후기에도 열심이라는 사실을 잊지 마세요. '주문 취소'를 통해 전체 환불을 해주는 것이 마음의 안정을 찾는 길입니다.

저도 안 좋은 후기가 뜰 때마다 심장이 벌렁벌렁합니다. 인정할 수 없어서 화가 나는 단계로 시작해서 결국 "내가 환불해줄 테니 문제가 없다면 리뷰를 수정해주면 참 좋겠구나"라며 빌기에 이르는 단계까지 가기도 합니다. 울며 겨자 먹기로 환불 요청을 받아들였지만 리뷰를 수정하지 않는 경우도 있지요.

한 명의 고객을 잃은 것이 너무 속상하지만 우리는 앞으로 찾아올 더 많은 고객들에게 집중해야 합니다. 새로 방문한 고객이 그 리뷰를 읽었을 때 어떤 생각이 들까요? 누가 읽어도 고객이 오해한 경우라면 영향력이 없을 거예요. 하지만 '고객 응대가 늦었다', '상품 상세 이미지와 실제 출력물이 너무 다르다' 등 문제점이 드러나는 리뷰를 만나게 된다면 구매 의욕이 떨어질 수 있습니다. 그럴 때 우리는 최대한 나이스하고 프로페셔널하게 답글을 남겨야 합니다. 별

3개 이하의 리뷰에는 셀러가 답글을 달 수 있거든요.

고객 응대가 늦은 것이 불만이라면 "현재 시차로 인해서 12시간 이내에 모두 답장을 해드리고 있습니다. 불편을 겪었다면 정말 죄송합니다"라고 평균 응대 시간을 알려주면 고객이 안심합니다. 다운로드가 문제라면 다운로드받는 방법을 다시 한번 언급하면서 상품 설명을 확인해달라고 요청할 수도 있고요. 불편러의 리뷰보다 친절하게 대응하는 셀러의 답변이 더 진심으로 와닿을 수 있어요. 친절한 메시지를 읽고 리뷰를 다시 별 5개로 수정하는 고객들도 있답니다.

사실 디지털 파일은 고객이 상품 설명만 꼼꼼하게 잘 읽고 구매한다면 불만 사항이나 환불 요청이 생기는 경우가 적은 편입니다. 배송상 문제가 생기거나 사이즈가 안 맞거나 하는 경우가 없으니까요. 그럼에도 불구하고 아주 가끔씩 생기는 안 좋은 후기들은 이겨내야 합니다. 또한 안 좋은 리뷰를 통해서 고객들에게 더 설명이 필요한 부분들을 보완하는 계기가 되기도 해요. 직접 제작한 나는 한번에 이해되는 부분이지만, 고객에게는 좀 더 정확한 안내가 필요한 경우가 있거든요. 그런 피드백을 받으면서 숍은 점점 발전합니다. 너무 낙심하지 마세요! 조금 기다리면 더 좋은 리뷰들로 덮이더라고요.

제가 판매하고 있는 대부분의 플랫폼의 주 고객은 미국인입니다. 미국 동부와 한국의 시차는 14시간으로, 밤낮이 바뀌었기 때문에 고객들의 메시지에 답이 늦는 경우가 대부분입니다. 오전 시간에 응대를 해야 미국 저녁 시간에 맞출 수 있어요. 고객 입장에서 아침에 연락을 했다면 벌써 하루 종일 기다린 셈입니다. 당장 다운받아서 쓰려고 구매하는 고객들이 있기 때문에, 최대한 신속하게 답변을 해줘야 합니다. 밤 시간에 아침이 되기 때문에 새벽 12시쯤에 가장 메시지가 활발하기도 해요. 내가 몇 시까지 고객과 대화를 주고받을지 시간을 정해놓지 않는다면 침대에 누워서 계속 답장을 해주게 되고, 다음날 컨디션도 나빠지겠죠.

다양한 아이템을 판매해본 결과, 판매 아이템에 따라서 고객 관리의 난이도가 차이가 꽤 나더라고요. 특히 모든 것이 완벽해야 하는 웨딩과 관련된 아이템은 질문들이 꽤 디테일한 편입니다. 종종 까다로운 신부들도 있었지만 해결이 된 후에 꼭 감사인사를 잊지 않고 좋은 리뷰를 남겨주는 고마운 고객이기도 합니다. 반면 포스터와 목업을 판매할 때에는 질문이 없이 바로 구매로 이어지는 경우가 대부분이에요.

고객에게 질문이 온다면 너무 두려워하지 마세요. 대답에 따라서 판매 여부가 결정되는 일도 있지만 그렇지 않은 경우도 있어요. 처음에는 저도 내가 혹시 대답을 잘못해서 안 산 거 아닌가? 하며 내 잘못처럼 느껴졌는데 몇 년째 겪다 보니까 그게 아니란 걸 알게 되었어요. 살 사람은 사고 안 살 사람은 안 삽니다. 계속되는 질문 홍수에도 하나하나 정성껏 대답을 해줬는데도 안 사는 사람이 있고, 질문에 답장을 안 했는데도 이미 구매를 해버린 고객도 있습니다. 다행히 디지털 파일은 고객 응대가 다른 판매에 비해가 간편한 편이에요. 알아서 구매하고 알아서 다운로드 하는 고객들이 대부분입니다.

- 다운로드 방법을 모르는 경우
- 사이즈나 디자인 주문 제작을 요청하는 경우
- 파일에 문제가 있는 경우
- 환불을 요청하는 경우
- 출력하는 방법에 어려움이 있는 경우

위 5가지 경우가 대부분의 고객 응대에 해당될 거에요. 비슷한 질문들이 반복되기 때문에 메시지 템플릿을 만들어두면 손쉽게 답변할 수 있어요.

엣시의 경우 '저장된 답변saved replies' 기능이 있는데요. 엣시 응답 템플릿 툴로, 여러 종류의 문구를 분류해서 저장해놓은 뒤에 추후 고객 응대 시 버튼 하나로 간단하게 불러오는 기능입니다. 미리 준비해놓은 정보를 전달하는 것이라 한결 정확하게 답변할 수 있습니다. 고객과 원활하게 커뮤니케이션하는 데 큰 도움이 되는 툴입니다.

특히나 주문 제작을 하지 않는 디지털 파일은 대부분 이미 저장해둔 답변으로 응대할 수 있답니다. 영어로 글을 쓰기가 어렵다면 책 뒤에 정리한 템플릿을 그대로 써서 저장만 해놓으면 됩니다. 상황에 따라 단어만 조금씩 수정하면 문제없는 템플릿이랍니다. 이 툴을 사용하면 고객 응대에 들이는 시간도 눈에 띄게 줄어들고 고객

'저장된 답변' 기능을 이용해 고객 응대 시간을 최소화할 수 있어요.

응대 업무에서 스트레스도 덜 받게 됩니다.

우리의 시간을 절약해줄 저장된 답변 툴은 메시지 메뉴에 들어가 찾을 수 있어요. 저장된 답변all saved replies 버튼을 누르면 엣시에서 기본으로 제공하는 답변들이 나옵니다. 주문 제작 요청에 대한 답변, 리뷰를 남겨달라는 메시지, 배송과 사이즈 안내 메시지가 기본으로 저장되어 있습니다. 디지털 파일은 주문 제작을 하지 않기 때문에 기본 템플릿을 사용할 일은 거의 없습니다. 디지털 파일 판매에 필요한 템플릿을 따로 만들어 저장해두면 편리하겠죠. 버튼 하나만 눌러주면 자동적으로 메시지가 채워지고 전송send만 누르면 간단하게 고객 응대 완료입니다! 정말 간단하죠?

  템플릿 저장은 초반에는 번거로울 수 있습니다. 하지만 장기적으로는 고객을 응대하는 시간을 한결 줄여줄 거예요. 더 자세한 스크립트는 책 뒤 부록을 참고하세요.

시즌별 디지털 파일 아이디어

내가 만드는 아이템이 일 년 내내 잘 팔리는 제품이라면 문제가 없겠지만 매출이 뚝 떨어지는 비수기 시즌이 있다면 시즌별 아이템을 추가해서 구멍난 매출을 보충하는 방법이 있겠죠. 시즌별로 인기가 많은 아이템을 공략한다면 그에 따른 시즌별 패시브 인컴을 더할 수 있습니다. 낯선 외국 공휴일 관련 아이디어를 떠올리는 일이 쉽지는 않겠지만 선별해서 알려드리는 공휴일과 이벤트 리스트를 체크하면서 간편하게 아이디어를 얻어보세요! 처음 단계부터 필수 사항이라기보다는 아이템을 효율적으로 기획할 때 도움이 되는 아이디어라고 생각해주세요.

참고로 시즌별 아이템을 추가할 때는 3주 정도 전에 미리 등록해두길 추천합니다. 이벤트 직전에 등록하면 노출 시간이 짧아서 판매로 이어지기가 힘들거든요. 봄, 여름, 가을, 겨울 계절별 공휴일과 이

벤트, 시즌에 맞는 아이템에 관한 자세한 내용을 지금부터 알려드리도록 할게요.

시즌별 아이템 아이디어

봄Spring

- **세인트 패트릭 데이**St. Patrick's Day : 3월에는 세인트 패트릭 데이가 있습니다. 아일랜드 전통 명절인데요. 세잎클로버가 상징이고 온통 초록색으로 옷을 입고 장식을 하는 것이 특징입니다. 미국에서도 굉장히 큰 규모로 열리는 축제인 만큼 세인트 패트릭 데이와 관련한 컬러링, 활동지, 클립아트, 사진 소품, SVG 파일을

판매할 수 있습니다.

- **부활절**Easter : 4월에는 부활절이 가장 큰 공휴일이에요. 그리스도의 부활을 기념하는 기독교 행사입니다. 2~3월부터 이미 부활절 관련 제품들이 불티나게 팔립니다. 토끼, 달걀, 핑크색, 보라색을 사용한 디자인을 많이 볼 수 있어요. 부활절 관련 아이디어로는 부활절 컬러링, 학습지, 클립아트, SVG 파일이 있습니다.

- **어머니날**Mother's Day : 5월에는 어머니날이 있어요. 우리나라에서는 어버이날로 묶었지만 미국에서는 어머니날과 아버지날로 나뉘어요. 어머니날에는 세일을 대규모로 진행하기 때문에 사람들이 많이 기다리는 날이기도 해요. 어머니 관련 문구나 이미지를 사용한 포스터를 선물용으로 판매할 수도 있고요. 어머니날 카드를 판매할 수도 있습니다. 그 밖에 활동지나 SVG 파일, 선물용 아이템이 있어요.

시즌 아이템

- **가드닝**Gardening : 봄은 식물을 가꾸는 가드닝이 유행하는 시즌이에요. 홈 가드닝이 트렌드로 떠오르면서 가드닝 관련 제품의 판매가 두드러집니다. 가드닝 이미지 포스터, 가드닝 플래너, 스티커를 겨냥해보는 것도 좋겠네요.

- **졸업 시즌**Graduation season : 5월은 졸업식 시즌입니다. 미국은 한국과 다르게 여름 방학이 시작되기 전에 졸업식을 하는데요. 졸

업식 관련 파티용품, 스티커, 클립아트 같은 것들을 판매할 수 있습니다.

- **웨딩 시즌**Wedding season：또 봄에 결혼식과 브라이덜 샤워를 준비하는 예비 신부들이 많습니다. 웨딩 관련 아이템들이 가장 잘 팔리는 시즌입니다. 웨딩 관련 디지털 파일인 초대장, 카드, 클립아트, SVG, 브라이덜 샤워 관련 아이템들을 준비하면 좋겠죠.

여름Summer

- **아버지날**Father's Day：6월에는 아버지날이 있습니다. 아버지 관련 제품들이 많이 판매되는 시기입니다. 아버지와 관련한 문구 디자인을 활용한 카드, 선물용 포스터, SVG 파일, 컬러링북, 학습지를 판매할 수 있어요.

- **독립기념일**Independence Day：7월 4일 미국 독립기념일도 중요한 휴일입니다. 이때 판매하는 제품에는 미국 국기 디자인을 사용하는 경우가 많으니 참고하세요. 독립기념일 관련 포스터, 파티용품, 플래너, 스티커, 티셔츠에 사용할 SVG 파일을 판매할 수 있습니다.

- **여름 방학**Summer vacation, travel：방학, 여행 관련 아이템을 구상할 수도 있어요. 컬러링, 학습지, 여행 플래너, 방학용 스케줄러 등의 아이디어가 떠오르네요! 여름용 라이트룸 프리셋, 해변, 바다 디자인의 포스터나 클립아트, 목업 사진, 스톡 사진 판매도 활발한 시즌입니다.

- **개학**Back to school : 8월은 학교로 돌아가는 시기입니다. 새학기 관련 제품들이 인기죠. 학생용 플래너, 학생용 스티커, 기숙사용 포스터 같은 것들로 학생들을 타기팅할 수 있어요. 다르게 생각해보면 선생님들도 이때 새학기 준비를 해야 하기 때문에 선생님용 플래너나 스티커를 판매하는 것도 좋습니다. 서식 용품 판매가 늘어나는 시즌이에요.

가을Fall

- **핼러윈**Halloween : 10월에는 핼러윈이 큰 행사입니다. 미국 대표 축제로 어린이들이 사탕과 캔디를 받으려고 기다리는 날이죠. 호박, 해골, 사탕, 유령 디자인을 사용한 포스터, 클립아트, SVG, 스티커, 플래너를 판매할 수 있습니다.
- **추수감사절**Thanksgiving : 11월에는 추수감사절이 있어요. 미국인들은 추수감사절을 한두 달 전부터 준비하는데요. 칠면조, 가족, 감사와 관련한 문구와 디자인을 주로 사용합니다. 감사 카드, 플래너 스티커, 클립아트, SVG 파일, 스톡 사진 판매를 준비하셔도 좋습니다.
- **블랙 프라이데이**Black Friday : 1년 중 가장 큰 세일인 블랙 프라이데이와 사이버 먼데이 세일은 엣시에서도 한 달 전부터 꼭 세일 설정을 해놓으라고 알림 이메일이 보내더라고요. 블랙 프라이데이 쇼핑 플래너, SVG, 스티커 아이템도 판매되는 걸 보았답니다.

날씨가 쌀쌀해지기 때문일까요? 9월부터 인테리어용 포스터 판매가 늘어납니다. 포스터와 함께 가을 관련 문구, 호박이나 단풍잎을 사용한 클립아트, SVG, 스티커, 플래너, 가을용 목업 사진, 스톡 사진, 프리셋 판매도 늘어나겠죠!

겨울Winter

- **크리스마스**Christmas : 12월은 한 달 내내 크리스마스 분위기로 가득합니다. 크리스마스 관련 아이템은 저도 항상 기획하고 있습니다. 성경 문구, 겨울 문구, 산타클로스, 크리스마스 트리 디자인을 사용하는데요. 컬러링, 산타에게 쓰는 카드, 성경 구절 포스터, 크리스마스 선물 플래너, SVG 파일, 클립아트, 스톡 사진 등 크리스마스 테마로 판매할 수 아이템 또한 무궁무진하죠.
- **새해**New year's day : 1월은 새해 관련 아이템들이 1순위겠죠. 1월은 새해를 시작하며 시간 관리와 새해 목표에 집중하면서 서식 파일 제품 판매가 급증합니다. 달력, 가계부 엑셀 파일, 다이어트 플래너, 새해 다짐 관련 포스터, 정리 체크리스트, 이력서 등의 파일들이 사랑받고 있습니다.
- **밸런타인데이**Valentine's Day : 2월 밸런타인데이도 로맨틱한 디자인의 파일들을 판매할 절호의 타이밍입니다. 급하게 밸런타인데이 선물과 포장, 카드를 준비할 때 디지털 제품이 매우 유용하겠죠. 클립아트, SVG, 컬러링, 목업 사진, 스톡 사진도 판매할 수 있습니다.

기존 아이템을 시즌 상품으로 활용하는 법

새로운 제품이 아니어도 시즌별 아이템으로 사용할 수 있습니다. 제품을 복사copy하는 겁니다. 같은 제품을 같은 숍에서 여러 번 추가하는 것은 문제가 되지 않습니다. 참고로 숍이 한 개 이상이라면 절대로 같은 아이템을 다른 숍에서 판매하면 안됩니다. 제품을 그대로 복사하는 것은 의미가 없고 타기팅한 이벤트에 맞는 타이틀과 태그를 사용해야 효과를 볼 수 있겠죠. 리스팅 비용 단돈 20센트만 추가해서 내 숍에 제품이 하나 늘어나는 거예요. 현재 판매하고 있는 제품, 내 폴더 속에 잠자고 있는 파일, 만료된 파일 중에서 어떤 것을 어떤 시즌별 아이템에 적용할 수 있을지 생각해보세요.

예를 들어볼게요. 평소에 팔던 컬러링 시트 파일을 복사해서 여름 관련 문구나 디자인을 추가해 여름용 컬러링 시트로 판매할 수 있습니다. 조개껍데기로 장식한, 여름이 연상되는 목업 사진을 사용한다면 굳이 파일 자체를 수정하지 않아도 시즌 아이템으로 새롭게 판매할 수 있겠죠. 완전히 동일한 파일이지만 시즌별 아이디어를 적용해서 여름방학 컬러링북summer vacation coloring book, 여행용 컬러링travel coloring pages 같은 식으로 타이틀과 태그만 바꿔서도 판매할 수 있습니다. 파일에 여름과 연결되는 문구나 디자인을 추가하는 방법도 있어요. 조금만 손을 봐서 새로운 제품으로 다시 선보이는 거죠. 여름과 관련한 여러 개의 컬러링을 묶어서 번들로 판매하는 방법도 있습니다.

같은 제품을 판매하되 타깃을 다르게 해서 등록하는 방법이에요. 생각보다 이 방법을 활용하는 셀러가 많지 않은데, 저는 같은 제품을 목업 사진과 제품 타이틀, 태그만 변경해서 시즌별 용도로 나눠 리스팅한 결과 효과를 톡톡히 봤답니다.

TIP 이랭크 툴로도 시즌별 아이디어를 얻을 수 있어요.

메인 페이지 우측 하단 코너, 다가오는 이벤트(upcoming events)를 참고하세요. 일정 보기(View calander)를 클릭하면 판매에 연결될 수 있는 이벤트나 공휴일, 작년 이맘때 사람들이 많이 찾아본 검색어들도 보여줍니다. 이 검색어들을 통해서 고객의 니즈를 알아낼 수 있습니다.

좋아하는 마음들을
연결할 수 있다면

예전의 저는 하고 싶은 게 뭔지 몰라서 늘 고민인 사람이었습니다. 하지만 일을 시작한 이후 나는 참 하고 싶은 게 많은 사람이었구나, 깨닫게 되었어요. 작은 성공 경험이 차곡차곡 쌓이고 나니 이제 '할까 말까'에 대한 고민은 길게 하지 않는 편입니다. 어느새 지금은 플랫폼 여섯 개에 문어발을 걸치고 있지요.

제가 도전한 것에 모두 성공했냐고 묻는다면 그건 아닐 거예요. 수익이 들쑥날쑥하고 저조한 플랫폼도 있습니다. 첫 아이템부터 바로 대박이 난 것도 아니에요. 계속해서 꾸준하게 작업을 한 결과입니다. 여러 숍에 흩어져 있는 제 아이템은 엣시에서만 1000개 이상입니다. 이 숫자가 될 때까지 우여곡절이 많았지만 포기하지는 않았어요. 실패했던 경험들이 나중에는 나에게 필요했던 시간으로 변할 거라 믿었습니다.

첫 엣시 숍이 성공적으로 자리잡고 다른 플랫폼의 문을 두드릴 때에도 확신은 없었어요. 엣시는 타이밍이 좋았다고 해도 다른 플랫폼에서도 자리잡을 수 있을까 의문이었죠. 새로운 플랫폼을 배우는 데에도 꽤 많은 시간과 노력이 필요했어요. 한 달 내내 아이템 등록을 했는데 첫 수익은 겨우 8달러였습니다. 그때 이 플랫폼은 가망이 없다며 뒤도 안 돌아보고 접었다면 지금 꼬박꼬박 월 200만 원 이상 들어오는 패시브 인컴을 누리지 못했을 거예요. 판매가 전혀 되지 않던 날도 하루에 몇 시간씩 디자인을 하며 때가 오기를 기다렸습니다.

디지털 파일 세계에서 내가 뭘 팔지는 내가 결정합니다. 선택한 아이템을 끝까지 지켜야한다는 책임감을 가질 필요도 없고, 안 팔린다고 좌절할 것도 없습니다. 남들의 눈치를 볼 필요도 없고 잘 안 풀리면 다른 아이템으로 넘어가면 돼요. 포기하는 것이 아니고 내가 더 잘하는 것을 찾는 과정으로 들어가는 겁니다. 바로 결과물을 얻지 못했다고 좋아하는 마음까지 포기할 필요는 없습니다. 저는 작업을 하는 그 순간을 의식적으로 즐기려고 합니다. 결과물이 따라오는 것도 물론 중요하지만, 일이 단지 결과물을 내기 위한 목적이 아니고 나에게 즐겁고 설레는 시간으로 삼으려고 해요. 좋아하는 마음으로 쌓은 일들은 내가 생각하지 못하는 순간에 꼭 힘을 발휘하는 때가 오기 때문입니다.

You can't connect the dots looking forward; you can only connect them looking backwards. So you have to trust that the dots will somehow connect in your future.

우리는 현재의 일들을 미래와 연결 지을 수 없습니다. 오직 과거와 연결 지을 수 있을 뿐입니다. 그러니 여러분은 현재의 일들이 미래에 어떤 식으로든 서로 연결될 것이라는 믿음을 가져야만 합니다.

_스티브 잡스

스티브 잡스의 연설문 중 마음 깊이 담아놓은 구절입니다. 이 말처럼 우리의 경험들은 어떻게든 결국 연결이 된다고 믿어요. 살면서 찍어온 수많은 점들이 지금의 나를 이루고 있습니다. 하나하나 나에게 유익한 점들을 찍으면서 나아가다 보면 언젠가 그 점선을 완성할 수 있을 거예요. 좋아하는 일이나 관심사에 마음껏 몰두했다면 이제 그 경험을 이어 돈을 벌 수 있습니다! 예전 같으면 너무 이것저것 손대는 것은 아니냐고, 하나에만 집중하라는 주위의 핀잔을 받았을 거예요. 하지만 세상의 흐름은 확실히 바뀌고 있답니다. 제가 알고 있는 몇 가지 사례를 소개해볼게요.

호주에 사는 엄마 젠과 딸 엘크는 시간과 장소의 제약 없이 일하는 디지털 노마드 모녀입니다. 젠은 취미로 그림을 그렸고, 블로거로 활동하며 작품을 파는 일로 소소하게 돈을 벌었습니다. 그러던 중 무자본으로 디자인을 판매할 수 있는 사이트 자즐이 생겼다는 반가운 소식을 듣고 곧바로 뛰어들었다고 해요. 좋아하는 일을 하면서 돈을 벌 좋은 기회였으니까요. 주변에서는 곧 다시 직장으로 돌아가야 할 거라며 돈이 되는 일을 하라는 얘기뿐이었어요. 젠의 첫 수익은 고작 29센트였으니 그럴 만도 합니다. 하지만 젠은 그 돈을 벌었을 때 큰 기쁨을 느꼈다고 합니다. 앞으로 더 많은 주문을 받을 수 있다는 가능성처럼 다가왔기 때문이지요. 지금은 월 평균 약 1000만 원을 버는 베스트 셀러가 되었답니다. 다른 사람들의 말을 듣고 좋아하는 일을 포기했더라면 지금 이런 삶을 얻지 못했을 거예요. 그녀는 대학생 딸 엘크에게도 시작해볼 것을 권했고 전 세계를 돌아다니며 일하는 것이 꿈이었던 엘크는 파일 판매를 통해 유럽 전역을 돌아다니며 진정한 디지털 노마드로 거듭나게 되었습니다. 현재 그녀들은 한 팀으로 자즐 강의까지 하며 적극적으로 온라인 비즈니스를 키워나가고 있어요. 수업에는 700명이나 되는 수강생들이 있는데, 주로 40~50대의 중년층이 많다고 합니다. 기본적인 디자인 스킬과 노력하는 마음만 있다면 나이와 상관없이 할 수 있는 일이라는 걸 확인해주듯 말이죠.

미국 워싱턴에 살고있는 사라는 세 딸을 키우는 평범한 육아맘이었습니다. 어느 날 엣시에서 '장보기용 체크리스트' 파일을 찾다가 맘에 드는 게 없어서 직접 엑셀로 만들었어요. 나도 괜찮은 템플릿을 만들 수 있다는 사실에 뿌듯함을 느끼며, 주변 필요한 엄마들에게도 나눠주었습니다. 처음에는 독학으로 프로그램을 배우며 천천히 시작했지만, 점점 파일 만들기 스킬이 늘어났습니다. 그리고 자연스럽게 엣시숍에도 도전하게 되었죠. 플래너의 수요가 강하다는 것을 느낀 그녀는 비즈니스용, 학생용, 가계부 등 다양한 목적의 엑셀 시트 플래너를 기획했어요. 1년 만에 무려 3000개나 판매했습니다. 저도 3년 전 사라의 비즈니스 회계용 엑셀 시트를 구매해 연말 정산 때 유용하게 사용하고 있답니다. 늘 아이들과 함께 있기 때문에 실물 배송의 번거로움을 원하지 않았던 사라에게는 파일 판매가 적격이었어요. 모든 시간을 일에 쏟지 않아도 패시브 인컴이 들어오기 때문에 가족과의 소중한 시간을 포기하지 않으며 경제적 자유도 누릴 수 있게 되었죠.

사진 작가인 루카는 2011년부터 스톡 사이트에 사진을 판매하고 있습니다. 코로나 때문에 야외 촬영, 웨딩 촬영이 주 업무인 사진 작가들의 경우 매우 힘든 상황에 처하게 되었는데요. 다행히도 루카는 그동안 열심히 업로드한 스톡 사진 파일들의 수익 덕에 안정적으로 생활하고 있습니다. 그는 지금이 디스크 안에 가득한 사진들을 판매할 좋은 기회라고 말합니다. 스톡 사진 판매를 사이드 프로젝트처럼 시작했지만, 이제는 어엿한 본업이 되었죠. 2015년 가을에 올려놓은 사진 하나가 5년 동안 8647달러의 수익을 가져다 주었다고 하니, 대단하죠? 루카가 판매하는 사진 중 가장 인기가 많은 사진들은 평범한 일상 속 모습이라고 해요. 박수를 치는 손, 잔을 들고 건배하는 모습, 회의할 때 책상의 모습 등 모두 특별한 장소나 모델이 필요하지 않은 사진들입니다. 그런 평범한 사진들로도 충분히 수익을 낼 수 있다니, 사진이 취미인 분들은 충분히 도전할 수 있지 않을까요?

요즘 저는 디지털 드로잉을 제대로 배워보는 중입니다. 드로잉 클래스를 하나 듣고 연습한다고 금방 멋진 일러스트레이터가 될 수 없다는 것은 잘 알고 있어요. 하지만 내가 용기 내서 배우는 드로잉이 하나의 점이 되어서 좋은 결과물로 연결이 될 거라고 믿기 때문에 조급해하지 않고 과정을 즐기려고 합니다. 더 성장하기 위해서 투자한 시간들은 결코 배신하지 않거든요. 스스로의 가능성을 계속해서 확장해 나가면서 살고 싶어요.

　나를 알리거나 소통하는데 정말 자신이 없던 사람인데 이제는 강의를 할 만큼 자신감이 생겼습니다. 육아 외의 스스로 할 수 있는 일이 생겼다는 것에서 큰 힘을 얻었어요. 저의 강의를 들으며 새로운 희망을 갖게 되었다는 말을 정말 많이 듣는데요. 스스로 보잘것없다고 여겼던 디자인이 누군가가 돈을 주고 살 만큼 가치가 있다는 것을 느끼면서 저도 인생의 새로운 희망을 가졌습니다. 비교할 수 없는 기쁨으로 육아를 하지만 그 안에서 성과를 느끼고 스스로를 칭찬해주는 시간이 많지는 않았거든요. 그런데 일한 만큼 얻은 성과가 온전히 나에게 돌아온다는 사실도 너무 짜릿했어요. 회사나 남을 위한 결과물이 아닌 내 자아실현을 위한 도구이니까요. 초보자의 용기 있는 도전으로 시작된 디지털 파일 판매가 이제는 삶의 큰 부분을 차지하게 되었네요. 앞으로도 디지털 파일 판매의 장은 더 커질 것이고 새로운 흐름이 생길 때 실패를 두려워하지 않고 그 안에 뛰어들 자신감도 얻었습니다. 여러분들도 디지털 파일 판매를 통해서 또 하나의 멋진 점을 찍어보세요!

평범하지만 특별한 우리에게

아이패드를 이용한 드로잉으로 플래너를 판매하는 10대부터 수채화 작품 파일로 어마어마한 연봉을 받는 50대까지, 혼자만의 취미를 판매로 연결시키며 수익을 만들어내는 사람들이 요즘 정말 많습니다.

이 책에서는 초보자를 대상으로 다양한 종류의 디지털 파일들을 가능한 한 많이 알려드리는 것을 커다란 목표로 했습니다. 프로 디자이너, 숨은 고수분들, 이제 막 취미로 드로잉을 시작하신 분들, 그리고 디자인을 한번도 배워본 적이 없었던 분들까지 누구나 이 책을 통해 소개해드린 디지털 파일들 가운데 마음에 드는 것을 한 개씩은 찾았으리라 기대합니다.

내가 좋아하는 일을 업으로 삼는 것. 그리고 디지털 노마드의 시작으로 자고 있을 수익이 들어오는 것. 이 모든 일이 처음부터 쉬운 것은 아니에요. 하지만 누구에게나 공평하게 기회가 열려 있습니다. 이 책을 통해서 얼마나 많은 기회들이 오픈되어 있는지 확인하셨을 거예요. 동기부여가 되었다면, 내가 과연 할 수 있을까 걱정하지 말고 일단 한번 시작해보세요. 어떤 기회가 눈앞에 나타났을 때 그것을 붙잡는 사람들이 십중팔구 성공할 수 있다는 사실을 기억하세요. 좋아하는 일만 해서는 먹고 살기 힘들다는 건 이제 옛말이 되었습니다. 자신이 끄적였던 자료들을 개인 소장, 자기 만족에만 가두어 놓지 않아도 됩니다. 단순히 열정이 부족해서라는 이유에서가 아니라 어디에서 어떤 것부터 시작해야 할지 몰라 망설이는 것이라고 생각해요. 자신의 잠재력을 믿고 '언젠가는…'이라고 상상만 했던 일을 지금 바로 당장 시작하셨으면 좋겠습니다.

이 책의 토대가 된 〈클래스101〉 강의를 진행해오면서 전에 몰랐던 새로운 세계를 발견하게 되었다는 반응을 볼 때마다 너무나도 감격스러웠습니다. 디지털 파일 판매로 제2의 인생을 살고 차근차근 수익을 만들어가는 수강생들을 보며 역시나 하고자 하는 의지가 있다면 더 나은 나의 미래를 만들 수 있다는 사실을 또 한번 확인할 수 있었어요.

글로벌 플랫폼에 디지털 파일을 판매한다는 것이 참 낯설고 생소한 시도일 텐데도, 저를 믿고 도전해주신 용기가 참 멋지다고 생각합니다. 이 책을 만난 독자들이 앞으로 지금보다 더 확장될 디지털 파일 판매 세계에 남보다 한발짝 앞서 도전하고, 나도 할 수 있다는 자신감을 얻는 계기가 되었으면 좋겠습니다. 곧 엣시에서 여러분의 숍을 만나게 되길 고대하고 있을게요.

많은 수강생 멘티들과의 멋진 인연을 이어준 〈클래스101〉, 그리고 강의가 책으로 세상에 나오게 해준 출판사 리더스북 모두 감사합니다. 평범한 나를 특별한 사람으로 만들어준 우리 가족, 정말 고맙고 사랑합니다. 특별히 옆에서 나를 응원해주고 도와준 든든한 남편! 당신은 정말 최고의 남편이자 아빠야! 또한 약할 때 강함 주시는 하나님께 감사와 영광을 올립니다.

마지막으로 독자 분들과 소통하기 위해서 인스타그램(@nomad.grace)과 블로그(blog.naver.com/nomadgrace)를 만들었습니다. 첫 판매의 기쁜 소식은 꼭 함께 나눠주세요!

수고 많으셨습니다. 감사합니다.

노마드 그레이쓰

부록

정리해드려요

★ 상품 등록 체크리스트   등록하기 전에 체크하세요!

- ✅ 아이템 사진 2개 이상 게시
- ⭕ 가장 중요한 키워드를 타이틀 앞 부분에 입력
- ⭕ 단어 첫자는 대문자로
- ⭕ 타이틀 100자 이상 입력
- ⭕ 옵션optional을 모두 체크 및 입력
- ⭕ 아이템 설명에 파일 형식과 사이즈 포함
- ⭕ 태그 13개 모두 사용
- ⭕ 카테고리와 태그 중복 확인
- ⭕ 재료materials에 파일 형식 입력
- ⭕ 파일명에 사이즈 포함

● **브랜딩 설정 관련 체크 사항**
- ⭕ 프로필 사진 넣기 400×400px
- ⭕ 로고 이미지 넣기 500×500px
- ⭕ 샵 배너 넣기 3360×840px

아이템 영문 키워드 리스트

● **디자인, 일러스트**

포스터 printable art │ printable wall art

타이포그래피 printable quotes │ typography printable

파티용 장식 printable party decor │ party sign

클립아트 clipart │ watercolor clipart │ geometric clipart

아이콘 icon clipart │ line icon │ hand drawn icon

인포그래픽 infographic template │ web elements

SVG 파일 SVG files │ cut files │ SVG files quote

벡터 이미지 illustrations │ vector art │ vector images

패턴, 무늬 digital pattern paper │ digital paper

텍스처, 질감 texture paper │ texture wall art

스티커 printable sticker │ planner sticker │ goodnote sticker

촬영 소품 photo prop printable │ photo booth props

달력 printable calendar

플래너 printable planner │ weekly planner │ daily sheets

일기 printable journal │ mindset journal

카드 printable card │ digital cards │ printable greeting cards

폰트 fonts │ fonts for SVG │ font bundles

캘리그래피 calligraphy worksheets ｜ handlettering practice sheets

● **서식**

이력서 Resume template

체크리스트 checklist template ｜ chore chart

시간표 timetable printable

학습지 kids activities ｜ worksheets for kids

색칠 공부 coloring pages ｜ digital coloring book

가계부 budget planner ｜ finance planner

엑셀 excel template ｜ excel spreadsheet

계획표 goal tracker ｜ daily habits ｜ fitness tracker

레시피 recipe card template ｜ recipe book template

파워포인트 powerpoint template

키노트 keynote template

굿노트 goodnote template ｜ goodnote planner

● **프로크리에이트**

브러시 procreate brush

팔레트 procreate color palette

스탬프 procreate stamp

레터링 연습장 procreate lettering ｜ procreate workbook

수채화 procreate watercolor kit

● 소셜미디어

페이스북 facebook cover template

유튜브 youtube banner ｜youtube channel art ｜youtube intro

인스타그램 instagram template ｜instagram story template ｜instagram
highlight cover

핀터레스트 pinterest template

● 사진, 비디오

라이트룸 프리셋 lightroom preset ｜mobile preset

목업 사진 mock up shirt ｜mock up background

스톡 사진 stock photography ｜styled stock photo

사진 포스터 photography prints

사진 배경 digital background ｜photo overlay

모션 그래픽 motion graphics

● 패턴, 도안

코바늘 crochet pattern

뜨개 knitting pattern

인형 옷 doll cloth pattern ｜dress pattern

옷 sewing patterns ｜ dress pattern

자수 embroidery pattern

펠트공예 felting pattern

십자수 cross stitch pattern

종이접기 origami ｜ paper crafts pattern ｜ 3D papercraft

상자 foldable box templates ｜ box template

밑줄 부분을 상황에 맞게 수정해주세요.

Q. 사이즈가 잘못 프린트되는 것 같아요. 인쇄에 문제가 있어요!

Thanks for your order.

As for printing, I can't give much direction because every brand of printer is going to be different, so I don't know your printer's specific settings or capabilities. You may adjust print settings to print actual size or 100% scale.

(Default printer setting maybe *"fit to printable area"*)

If that doesn't work, I would recommend reading the manual to see if the type of printing you're trying to do is available or your particular printer. Hope that helps!

Grace

주문해주셔서 감사합니다!

사용하는 프린터 종류에 따라서 다르고 고객님이 어떤 출력 세팅으로 인쇄하셨는지 파악하지 못하기 때문에, 제가 출력에 관해서 말씀해드리기가 어렵습니다. 프린터 세팅을 파일 사이즈 또는 100% 크기로 인쇄하기로 맞춰

보시기 바랍니다. 기본 설정이 *종이 사이즈에 맞춰 인쇄하기*로 되어 있을 지도 모릅니다. 그렇지 않다면 프린터 사용법을 숙지하고 시도하면서 출력 세팅이 가능한지 하나씩 알아보시기 바랍니다.

그레이스

Q. 디자인을 바꿔줄 수 있나요?

• 주문 제작을 받지 않을 경우

Hello, Thank you for contacting us.

We are not currently approving order requests, but thank you for inquiring. If you're interested, here are similar items: *Link*

I hope you get a good result!

Grace

안녕하세요. 연락해주셔서 감사합니다.

현재 주문 제작 요청을 받고 있지 않습니다.

문의해주셔서 감사합니다만,

관심이 있으시면 여기 비슷한 항목이 있습니다: 링크

좋은 결과 있으시길 바라요!

그레이스

- **주문 제작을 받을 경우**

Hello, Thank you for inquiring.

We will make customized *poster* for you gladly.

Please let us know what you want with details (size, color, etc.)

and attach the relevant files (PDF, JPG, PNG).

We're very excited to make a one-of-a-kind product for you!

Thank you, *Grace*

안녕하세요. 문의해주셔서 감사합니다.

즐거운 마음으로 맞춤형 포스터를 제작해드리겠습니다.

원하는 내용(크기, 색상 등)을 구체적으로 알려주시고

관련 파일(PDF, JPG, PNG)을 첨부해주세요.

당신을 위해 단 하나뿐인 제품을 만들게 되어서 매우 기쁩니다!

감사합니다, 그레이스

Q. 다른 사이즈도 판매하나요?

- **원하는 사이즈를 무료로 제공할 경우**

Hello, Thank you for inquiring.

Yes, other additional sizes are available.

Just let us know your email address and the size you need,

and I'll send you the file by *tomorrow.*

Thank you, *Grace*

안녕하세요. 문의해주셔서 감사합니다.

네! 다른 추가 사이즈들을 제공하고 있습니다.

이메일 주소와 필요한 사이즈를 알려주시면

내일까지 파일을 보내드리겠습니다.

감사합니다, *그레이스*

• **원하는 사이즈를 제공하지 않을 경우**

Hello, Thank you for inquiring.

Unfortunately, we do not currently take custom sizes or special orders.

You can find available sizes in the product description.

I hope it will be helpful.

Grace

안녕하세요. 문의해주셔서 감사합니다.

안타깝게도 지금은 커스텀 사이즈나 스페셜 주문을 받고 있지 않습니다.

구매 가능한 사이즈는 제품 설명에서 확인하실 수 있습니다.

도움이 되었으면 좋겠습니다, *그레이스*

Q. 마음에 들지 않아요. 환불해주세요!

• 요청 거부 – 이미 다운로드한 경우

Hello, thank you for your inquiring.

However in the case of digital file products, we clarify non-refundable conditions in the product description. In addition, the product title and product description also clarify what to check before purchasing because it is file 'for print only.'

We checked your order and it seems that you have already downloaded it. Once the file has been downloaded, we cannot advance refund. Please let us know if you have any more questions.

Grace

안녕하세요,

요청 감사합니다만 디지털 파일 제품은 환불이 불가하며 상품 설명에 이 점이 기재되어 있습니다. 또한 제품 타이틀과 제품 설명에도 '프린트용' 파일이므로 구매 전 확인할 것이 명시되어 있습니다.

주문을 확인해본바 이미 다운로드하신 것으로 보입니다.

일단 파일이 다운로드되면 환불 진행이 불가합니다.

다른 궁금한 점이 있으시다면 알려주세요.

그레이스

- 요청 승인 – 다운로드하지 않은 경우

  (전체 환불 및 취소 완료 후에 보내는 메시지)

Hello, thank you for inquiring.

We confirmed that you have not downloaded it yet,

so we can advance refund.

The product you ordered has been canceled and refunded in full.

You can check it within _3~5_ business days through

the methods of payment you chose.

Best, _Grace_

안녕하세요,

요청 감사합니다.

아직 다운로드받지 않으신 것으로 확인되어 환불 진행이 가능합니다.

주문하신 상품은 전액 취소 및 환불 처리되었습니다.

결제 수단을 통해 _3~5_ 영업일 이내 확인하실 수 있습니다.

그레이스

Q. 판매하고 싶은 상품이 벌써 레드오션이면 어쩌죠?

A. 아이템을 검색해보니 너무 많은 제품들이 우후죽순으로 쏟아진다면 이 시장은 이미 포화 상태인 것 아닐까? 다른 키워드를 찾아봐야 하는 거 아닐까? 하고 걱정할 수 있습니다. 하지만 포기하지 마세요. 소비자들이 모이는 곳에는 경쟁자도 모이는 것이 당연합니다. 그만큼 수요도 많기 때문에 자기만의 스타일, 타기팅을 확실히 한다면 경쟁이 치열한 시장에도 충분히 도전해볼 만합니다. 빵집이 많다고 해서 새로운 빵집이 필요 없을까요? 여전히 새로운 빵집은 필요합니다. 저 같은 빵순이들은 빵지순례를 다니며 숨어 있는 빵집도 찾아낸답니다. 제가 처음으로 도전한 아이템은 가장 경쟁이 심하다는 웨딩 관련 아이템이었어요. 웨딩 관련 숍들이 날마다 늘고 있지만 저는 웨딩 테마 종류와 색상을 나눠서 타기팅을 구체적으로 잡았기 때문에 2019년 평균 5.4%의 높은 전환율을 유지할 수 있었습니다. 많은 경쟁자들과 경쟁해야 한다는 생각에서 벗어나 '내 타깃 고객들의 니즈에 딱 맞는 아이템으로 공략하겠다' 하는 전략에 집중하세요.

Q. 제가 판매하고 싶은 상품을 아무도 팔지 않는데요?

A. 검색해보았는데 아직까지 아무도 팔지 않은 상품이라면 신중하게 생각

해보셔야 합니다. 물론 새롭고 유니크한 아이디어가 돋보이는 상품이 잘 팔릴 수도 있습니다. '정확한 타깃과 수요가 있는 아이템'이라면 말이에요. 그런 경우가 아니라면 현실적으로 빠른 시일 안에 판매로 이어지기가 힘들 수도 있습니다. 이 제품이 왜 필요한지부터 설득해야 하기 때문입니다.

Q. 상품 사진을 많이 넣을수록 좋은 건가요?

A. 상품 사진 개수가 노출에 영향을 주는 것은 아니라고 합니다. 하지만 엣시는 다양한 상품 사진을 올려 고객에게 자세한 정보를 제공하길 권장합니다. 달랑 사진 한 장보다는 목업과 콘텐츠를 구성해 넣어서 등록하는 것이 아무래도 고객의 눈을 사로잡기 좋겠죠. 더 프로페셔널해 보이기도 하고요.

Q. 한 종류의 아이템에 선택과 집중을 하는 것이 좋을까요?

A. 사실 한 가지 종류의 파일만 계속 만들다 보면 조금 지루해질 때가 옵니다. 특히나 저처럼 조금 산만한 사람이라면 더욱 그렇죠. 그럴 때 전 평소에 시장조사하며 '해보면 재밌겠다' 생각했던 것들에 도전해온 것 같습니다. 물론 운영하고 있는 숍은 꾸준히 관리하면서요. 그렇게 새로운 영역에 손대다 보면 새로 배우는 것도 있고, 조금 식었던 열정도 다시 생기더라고요.

잘나가는 셀러 중에 주로 수채화 작업을 하면서 작품 하나를 포스터, 스티커, 디지털 패턴 페이퍼, 클립아트 등등 여러 종류의 제품으로 활용해 다수의 카테고리에서 판매하는 분이 있습니다. 하나의 숍에는 같은 종류, 단일한 정체성을 가진 아이템만 팔아야 하지 않냐고요? 꼭 그럴 필요는 없답니다. 같은 숍에서 여러 카테고리에 속하는 다양한 품목을 판매하셔도 괜찮습니다. 같은 디자인이 포스터에도 잘 어울리고 스티커에도 잘 어울린다면 비록 반복되는 디자인이라 해도 반응이 좋습니다. 내가 만든 작품이 한 가지 아이템으로만 사용되는 것보다 여러 가지 형태로 만들어져 더 많은 사람들에게 사랑받을 수 있다면 더할 나위 없겠죠.

Q. 언제 첫 판매가 이뤄질까요?

A. 숍을 열고 아직 첫 판매가 이루어지지 않아 답답해 하는 분들도 있을 겁니다. 저 역시 숍을 열자마자 바로 판매가 이루어진 것은 아니랍니다. 첫 아이템을 올리고 판매까지 3주 넘게 걸렸어요. 아이템 등록도 10개 이상 한 상태였고요. 수강생분들의 경우 평균적으로 10~30개 사이에서 첫 판매가 발생하였습니다. 조급한 마음으로 시작하면 더 쉽게 좌절하게 되는 것 같아요. 본인의 작품에 자신감을 갖고 꾸준하게 도전한다라는 마음가짐으로 시작하면 좋겠습니다. 아이템 하나로 대박나는 것이 거의 불가능한 것처럼, 꾸준하게 아이템의 개수를 늘리고 연구를 통해 키워드가 탄탄해진다면 자연스럽게 판매로 연결될 거예요.

Q. 사업자등록을 해야하나요?

A. 한국에서 엣시 숍을 열기 위해 사업자등록번호가 따로 필요하지는 않다는 엣시의 답변을 받았습니다. 엣시에 소속되어 원천징수 후에 소득을 얻기 때문에 따로 사업자로 등록할 의무가 없습니다. 다만 사업자등록증 없이 사업소득이 발생한 경우 종합 소득세 신고를 해야 합니다. 본격적으로 엣시 운영을 하게 된다면 사업자등록을 추천합니다. 해외 수출업으로 간주되어서 달러로 지급받은 소득에 대해 영세율 적용을 받을 수 있기 때문입니다. 일반 과세자로 등록을 한다면 발생한 지출의 부가가치세 환급을 받을 수 있습니다.

Q. 엣시 계정이 정지된다면 어떻게 해야 하나요?

A. 엣시 측에서 계정을 정지한 이유를 밝혔다면 그 내용을 포함한 상황 설명 및 타당한 이유를 전달하면 되고, 아니라면 정지된 이유를 안내받지 못했다며, 닫히기 전 숍의 상황과 모을 수 있는 정보를 모두 모아서 메시지를 보내면 됩니다. 같은 내용을 아래 이메일에도 동일하게 보내세요. 이 상황을 해결해줄 수 있는 직원을 찾는 것이 목표입니다.

- dispute-resolution@etsy.com
- trust-and-safety@etsy.com
- integrity@etsy.com
- billing@etsy.com

다른 사람에게 도움 요청을 받아 제가 대신 연락을 취한 바 있으나 숍을 개설한 셀러 당사자가 아니기 때문에 저에게는 아무런 정보를 알려줄 수 없다는 답변을 받았습니다. 만에 하나 계정 정지라는 상황이 닥친다면 반드시 직접 엣시 고객센터에 연락해서 필요한 답을 얻어야 합니다.

⭐ 엣시 판매자 정책 및 이용약관

● **엣시에서 판매할 수 있는 것**

엣시에서 판매하는 모든 품목은 직접 만들거나 디자인한 것이어야 합니다. 파트너와 함께 작업하는 경우 해당 제작 파트너를 공개해야 합니다. 또한 다른 판매자나 사이트에서 사용하는 사진, 스톡 사진 등이 아닌 자신이 직접 촬영한 사진이나 영상 콘텐츠를 사용해야 합니다.

● **엣시에서 판매할 수 없는 것**

당사의 지적 재산권 정책을 위반하는 서비스 및 품목은 판매할 수 없으며, 재판매는 허용되지 않습니다. 이에 따른 등록 수수료는 환불되지 않습니다. 엣시는 구글 정책을 위반하는 모든 목록을 삭제할 수 있으며, 위반 사항 발생 시 당신의 계정을 일시 중지하거나 해지할 수 있습니다.

● **엣시 판매자가 지켜야 할 사항**

1. 정직하고 정확한 정보를 제공하세요.
2. 엣시 정책을 존중하세요.
3. 제품 설명에 사용하는 텍스트, 사진 등의 콘텐츠가 차별 금지 정책을 준수하는지 확인하세요.
4. 제품 등록 시 항목을 정확하게 나타내야 합니다.

5. 다른 사람의 지적 재산권을 존중해주세요. 누군가 당신의 지적 재산권을 침해한 경우 엣시에 신고할 수 있습니다.

6. 수수료 회피는 허용되지 않습니다.

7. 엣시의 정책을 회피할 목적으로 중복 숍을 생성하거나, 클릭 조작 또는 판매 조작 등의 행위를 하지 마세요.

8. 다른 판매자와 가격을 담합하지 마세요.

● 판매자의 책임

판매자는 개인 정보를 보호하고 구매자와 신속하게 소통해야 할 책임이 있습니다. 엣시 회원은 다음과 같은 콘텐츠를 업로드하지 않습니다.

1. 학대, 위협, 명예훼손, 괴롭힘 또는 기타 차별 금지 정책을 위반하는 콘텐츠.

2. 외설적이거나 저속한 콘텐츠.

3. 다른 사람의 개인 정보 또는 지적 재산권을 침해하는 콘텐츠.

4. 거짓, 기만, 기타 오해의 소지가 있는 콘텐츠.

● 통신 표준 약관

엣시 메시지는 구매자 또는 다른 회원과 직접 소통할 수 있는 기능입니다. 또한 구매자가 제품이나 주문에 관해 질문할 수 있는 방법이기도 합니다. 단, 다음 활동에는 메시지를 사용할 수 없습니다.

1. 원치 않는 광고나 홍보, 기부 요청 또는 스팸 전송

2. 다른 회원을 괴롭히거나 학대 혹은 엣시 차별 금지 정책을 위반하는 행위.

3. 명확한 거부 의사를 밝혔음에도 연락을 취하거나 다른 회원의 거래나 업무를 방해하는 경우.

4. 다음과 같은 행위 등으로 다른 회원의 영업을 고의로 방해하는 경우.

- 메시지를 보내 특정 회원, 숍 또는 제품을 멀리하도록 종용하는 행위.

- 다른 회원과의 분쟁을 공개적으로 게시하는 행위.

- 부정적인 리뷰를 남길 목적으로 구매하는 행위.

- 특정 회원의 광고 예산을 소진시키기 위해 경쟁 업체의 프로모션 목록 광고를 악의적으로 클릭하는 행위.

- 별도의 구매자 계정을 만들거나 사용하여 다른 판매자에 대한 부정적인 리뷰를 악의적으로 추천, 해당 리뷰를 더 눈에 띄도록 끌어올리는 행위.

● 판매자 계정 및 엣시 약관

우리는 안전한 운영과 서비스 개선을 위해 비정상적인 주문 활동을 발견하거나 특정 행동이 분쟁, 사기, 위조 또는 기타 클레임으로 이어질 수 있다고 판단되는 경우 판매자의 계정, 제품 또는 광고 노출을 제한하거나 결제 계좌에 제한 또는 유보 등의 조치를 취할 수 있습니다.

특히 수요가 많은 카테고리에서 주문이 비정상적으로 급증하는 경우, 제품 등록 및 광고에 금지된 항목이나 용어가 포함되어 있는 경우 검색 순위와 노출도가 하락할 수 있습니다.

또한 엣시는 판매자 혹은 판매자의 콘텐츠와 서비스가 본 판매자 정책을 포함하여 당사의 약관을 위반한다고 생각하는 경우, 해당 콘텐츠를 비활성화하거나 계정을 일시 중지 또는 종료할 수 있습니다.

● 국제 규제

엣시는 전 세계의 구매자와 판매자를 직접 연결합니다. 다른 국가에서 상품을 구매 또는 판매하거나 국경을 넘어 다른 사람과 거래하는 경우, 목적지 국가의 법률 및 규정과 현지 법률을 준수할 책임이 있습니다.

엣시 서비스 사용자는 미국 재무부 해외자산통제국OFAC의 시행령을 포함한 경제 제재 및 무역 제한을 준수할 책임이 있습니다. 모든 회원은 위치에 관계없이 당사의 제재 정책을 준수해야 합니다.

또한 엣시는 판매자에게 추가 정보를 제공하도록 요청하거나, 상품의 원산지를 공개하는 등 규정 준수 의무를 충족하기 위한 기타 조치를 취할 권리가 있습니다.

페이팔과 같은 제3자 결제 처리자는 자체 준수 프로그램의 일환으로 특정 거래를 독립적으로 모니터링할 수 있으며, 일부 거래를 차단할 수 있습니다. 엣시는 공급자의 독립적인 의사 결정에 관여할 권한이나 통제권이 없습니다.

● 금지 품목에 대한 정책

엣시는 인종, 민족, 국적, 종교, 성별, 성 정체성, 장애 또는 성적 지향을 근거로 사람에 대한 증오심을 조장, 지지 또는 미화하거나 다른 방식으로 사람을 비하하는 상품을 허용하지 않습니다. 또한 그러한 견해를 가진 조직이나 인물을 홍보하는 상품 및 콘텐츠도 금지합니다. 엣시의 가치와 일치하지 않거나 법적 위험을 초래하는 특정 항목은 판매 금지 혹은 제한될 수 있습니다.

- **증오 단체를 지지하거나 기념하는 항목:** 증오 단체로는 나치 또는 신 나치 단체, KKK 등 백인 우월주의 집단, 여성 혐오 집단 또는 반反동성애자, 반이민자 또는 홀로코스트 부정론을 옹호하는 집단이 있습니다. 특정 인종에 대한 비방 또는 경멸적인 용어가 포함되는 경우도 이에 해당합니다.
- **불법 품목 혹은 불법 행위를 조장하는 품목:** 엣시는 글로벌 기업으로 판매되는 지역의 법률을 준수합니다. 한 국가에서 합법적인 것이 다른 국가에서는 불법일 수 있습니다. 모든 형태의 불법 행위는 엄격히 금지됩니다.
- **위조 또는 승인되지 않은 품목:** 우리는 특히 브랜드 소유자의 동의 없이 브랜드 이름, 로고 또는 보호된 디자인을 사용하여 위조하거나 승인받지 않은 상품을 모조품으로 간주합니다.
- **포르노 및 성인 콘텐츠:** 일반적으로 성적 자극만을 목적으로 하는 성행위, 성기 또는 기타 에로틱한 행동을 명시적으로 설명하거나 표시하는 인쇄물 또는 시각적 자료를 포함한 항목은 음란물로 간주하며, 제한됩니다.

- **폭력성을 띠는 항목:** 폭력을 조장, 지지 또는 미화하는 항목은 허용하지 않습니다.
  - 연쇄살인범을 기념하거나 기리는 항목을 포함하여 인간의 고통이나 비극을 미화하는 항목.
  - 자연 재해나 인류의 비극을 악용하는 아이템.
  - 개인 또는 집단에 대한 폭력 행위를 장려, 미화 또는 기념하는 항목.
  - 자해 또는 자해를 조장하는 항목.
  - 유해한 정보를 조장하거나 지지하는 항목.

(출처: etsy.com)

방구석 노트북 하나로
월급 독립 프로젝트

초판 1쇄 발행 2021년 2월 17일
초판 4쇄 발행 2024년 9월 19일

지은이 노마드 그레이쓰

발행인 이봉주   **단행본사업본부장** 신동해
디자인 지완   **교정** 신혜진
제작 정석훈   **마케팅** 최혜진 이인국
홍보 반여진 허지호 송임선

브랜드 리더스북
주소 경기도 파주시 회동길 20
문의전화 031-956-7355(편집) 031-956-7089(마케팅)

홈페이지 www.wjbooks.co.kr
인스타그램 www.instagram.com/woongjin_readers
페이스북 www.facebook.com/woongjinreaders
블로그 blog.naver.com/wj_booking

발행처 ㈜웅진씽크빅
출판신고 1980년 3월 29일 제406-2007-000046호

© 노마드 그레이쓰, 2021
ISBN 978-89-01-24877-6 (03320)

리더스북은 ㈜웅진씽크빅 단행본사업본부의 브랜드입니다.